# 개저씨 심리학

신세대 아재를 위한 지침서

# 개저씨 심리학

신세대 아재를 위한 지침서

**초판 1쇄 인쇄** 2018년 4월 25일
**초판 1쇄 발행** 2018년 5월 2일
-
**지은이** 한 민
**펴낸이** 이방원
**편집** 홍순용 · 김명희 · 이윤석 · 안효희 · 강윤경 · 윤원진
**디자인** 손경화 · 전계숙 **마케팅** 최성수
**일러스트** 이승훈
-
**펴낸곳** 세창미디어
**출판신고** 2013년 1월 4일 제312-2013-000002호
**주소** 03735 서울시 서대문구 경기대로 88 냉천빌딩 4층
**전화** 02-723-8660 **팩스** 02-720-4579
**이메일** edit@sechangpub.co.kr **홈페이지** http://www.sechangpub.co.kr/
-
**ISBN** 978-89-5586-518-9 03180



이 도서의 국립중앙도서관 출판시도서목록(CIP)은 서지정보유통지원시스템 홈페이지(http://seoji.nl.go.kr)와 국가자료공동목록시스템(http://www.nl.go.kr/kolisnet)에서 이용하실 수 있습니다. CIP제어번호: CIP2018011928

# 개저씨 심리학

신세대 아재를 위한 지침서

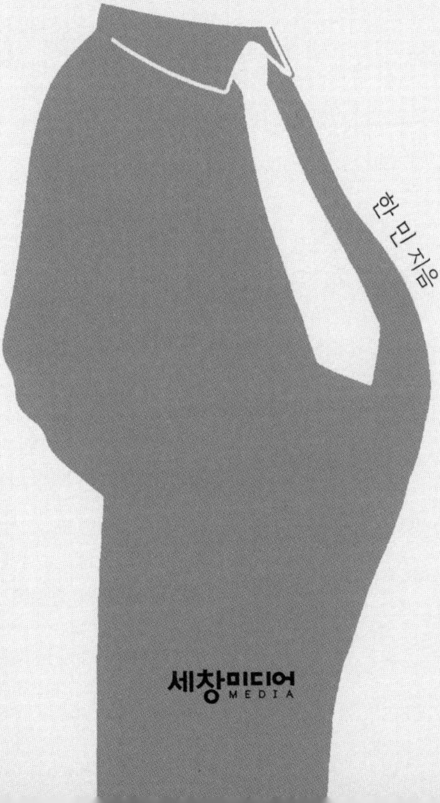

한민 지음

세창미디어 MEDIA

# 추천사

어느 순간부터인가 중·고등학교에 다니는 두 아들과의 대화가 불편해졌다. 아마 두 아들이 모든 단어 앞에 '개'라는 접두어를 붙이기 시작했을 때였던 것 같다. 좋아도, 나빠도, 마음에 들어도, 마음에 안 들어도 모두 '개'로 시작됐다. 그때부터 이런 날이 올 줄 알고 있었다. 바로 '개저씨'로 불릴까 봐 두려움에 떠는 스스로를.

이해가 되지 않았다. 어떻게 아버지뻘의 불특정 다수를 개저씨로 부르는지. 물론 스스로는 거기에 포함되지 않는다고 소심하게 믿고 있지만, 지나치고 예의 없고 배은망덕하다고 생각했다. 억울했다. 아니, 그렇게 불리는 사람은 좀 억울하겠다고 생각했다. 나는 절대 아니니까.

하지만 이 책을 읽으면서 점점 더 불안해졌다. 과연 나는 아닐까. 이 책은 개저씨가 어떤 특정 나쁜 사람의 문제가 아닌 한국 사회의, 한국 문화의 구조적이고 필연적인 문제로 설명해 준다. 그래서 모든 한국 중년 남성의 마음속에 있는 그 '개'를 적나라하게 드러내고 있다.

나도 심리학자지만 역시 심리학 책은 불편하다. 특히 이 책처럼 마음의 바닥까지 뒤집어서 꼭꼭 숨겨 놓은, 절대 보고 싶지 않은 야수를 드러내는 제대로 된 심리학 책은 더욱더 불편하다. 이 책의 저자 한민 박사는 현재 한국 사회를, 한국인의 마음을 가장 잘 설명해 줄 수 있는 최고의 문화심리학자다. 그래서 이 책은 절대 개저씨를 욕하지 않는다. 오히려 분석하고 설명해서, 우리로 하여금 개저씨의 탄생과 변화, 소멸의 과정을 이해하게 해 준다.

우리 사회에는 지금까지 두 종류의 중년 남성이 있었다. 그냥 아저씨와 개저씨. 하지만 이제부터는 모든 중년 남성 속에는 개저씨가 있다는 걸 알게 될 거다. 그래서 이제 세상에는 이 책을 읽은 개저씨와 읽지 않은 개저씨가 존재한다. 전자는 이제 자기가 왜 그러는지 알게 될 것이고, 후자는 … 글쎄. 그 개저씨들은 바로 우리의 아들이고, 남편이고, 아버지다. 그러니 이 책은 바로 우리 모두에게 나와 나의 가족의 얘기가 된다.

우선 개저씨라고 욕하지 말자. 이 책을 읽기 전까지. 이 책을 읽은 후에 그래도 그 사람이 그냥 개저씨로 보이면 그는 진짜 개저씨다. 그래서 우린, 지금 한국 사람은 이 책을 읽어야 한다.

— 허태균 교수(고려대학교 심리학과)

# 머리말

언제부터인가 이유를 알 수 없는 우울이 찾아오곤 했다. 괜스레 눈물이 났고 아무것도 아닌 일에 화가 났으며 한숨이 나는 때가 잦았다. 사는 게 힘들다는 생각이 들기 시작했다. 예전에도 사는 건 힘들었지만 이전과는 다른 느낌이었다. 뭔가 살아야 하는 이유 자체가 사라진 느낌. 우울이 시작된 것은 몇 년 전, 목표로 하고 있던 모 대학의 임용에 떨어지고 난 직후였다. 박사 학위 후의 모든 삶이 거기에 맞춰져 있을 정도로 공을 들였던 자리였다. 나이나 실적이라는 현실적인 이유로도 그해가 지난 다음에는 자리 잡기가 더욱 힘들어질 것이었기 때문에 실망은 더 컸다.

화가 났다. 사소한 일에도 유난히 화를 냈던 것 같다.

부끄럽게도 동네에 걸어다니는 아이들만 봐도 나쁜 말이 나왔다. 화가 나지 않을 때는 눈물이 났다. 분루. 억울함의 눈물이었다. 세상이 불공평하다고 생각했다. 연구할 의욕도 사라졌고 수업도 들어가기 싫었다. 그렇게 한동안 우울에 빠져 지냈다.

우울 다음에는 불안이었다. 어디고 어렵지 않은 직종이 없겠지만 이쪽(학계)에서도 비정규직과 정규직의 차이는 크다. 단기 재계약을 해야 하는 비정규직 지식노동자의 위상은 생각보다 훨씬 불안하다. 갚지 못한 주택 대출금과 학비 들어갈 날이 창창한 어린 두 아이의 얼굴이 스쳐 지났다.

실패, 좌절, 절망. 어둡고 불쾌한 단어들이 뇌리에 맴돌았다. 단 한 번도 내 것이 되리라고 상상해 본 적이 없는 인생이 눈앞에 펼쳐져 있었다. 막막했다. 어디서부터 무엇을 해야 할지.

개저씨에 대한 글을 써 달라는 연락을 받은 것은 그때쯤이었다. 평소 생각을 정리해 둘 겸 글을 올리는 블로그를 통해서였다. 처음에는 이 책의 주제가 사회통합이라고 생각했다. 개저씨 현상이 최근 우리 사회에 만연한 혐오의 연장선에 있다고 생각했기 때문이다. 개저씨들을 미워하는 이들에게 혐오는 답이 아니라는 말을 해 주고 싶었다. 그들과 공존할 수 있는 길을 찾자고 하고 싶었다. 그러나 개저씨 현상의 이유를 파고들어 갈수록 보다 근본적인 원인이 있다는 생각이 들었다. 그것을 알지 못한다면 눈에 보이는 몇 명의 개저씨를 없앤들 또 다른 개저씨들이 나타날 것은 뻔한 일이었다.

개저씨들은 왜 개저씨가 된 것일까. 개저씨는 특이한 존재가 아니다. 그들은 한 집안의 가장이고 사회의 든든한 기둥이다. 한 아내의 남편이며 자녀들의 아버지이고 후배들의 선배이자 선배들의 후배이다. 개저씨들의 문제는 곧 우리 사회 전체의 문제인 것이다. 나는 개저씨들이 '개짓거리'를 하는 이유를 파고들기 시작했다. 개저씨 현상의 본질은 갑질이다. 자신이 가진 권위를 바탕으로 다른 이들에게 원치 않는 일을 강요하는 것이다. 하지만 그 이유는 무엇일까.

고민하던 중, 한 드라마에서 인상적인 장면을 보게 되었다. 초저녁부터 고주망태가 된 아저씨 하나가 혀 풀린 발음과 비틀거리는 몸짓으로 마주치는 모든 사람들에게 시비를 걸고 있었다. 개저씨가 따로 없다. 사람들은 불쾌해하며 그를 피해 간다. 그러나 길바닥에 주저앉은 개저씨의 넋두리는 개저씨에 대한 내 생각을 바꾸게 했다.

당신도 나 무시해? 나 무시하냐고?

나 무시하지 말아요. 나도 사람이야.

내가 먹고산다고 빌빌대고 있으니까 당신도 내가 개만도 못해 보이지?

나도 사람이라고, 개가 아니라~

여기서 더 어떻게 하라고 나보고.

나 진짜 힘들어. 나 무시하지 마.

나 진짜 노력해. 나 노력한다고. 나 노력한다고.

더 어떻게 해. 내가.

—「고백부부」 11화 중

그 주정이 나의 모습과 맞닿아 있었기 때문이다. 지난 몇 년의 내 우울과 불안이 그 대사에 녹아들어 있었다. 한다고 했는데 달라지는 것 없는 삶과, 나이가 들수록 커져가는 책임감, 힘들지만 힘들다고 말할 데도 없는 처지는 나와 같은 아저씨들의 자화상이다. 불쌍한 아저씨와 못된 개저씨는 종이 한 장 차이다. 자신의 불쌍함을 지위와 권력, 나이로 어떻게 해 보려는 것이 개저씨다. 내가 힘들다고 그것을 다른 사람들에게 보상받으려 해서는 안 된다. 더구나 그러기 위해 자신이 가진 권위와 지위를 내세우는 것은 또 하나의 갑질이 된다. 그러나 이 책은 개저씨의 행태들을 정당화하려는 것이 아니다. 개저씨에 대한 혐오는 갑질, 권위주의와 같이 더 이상 작동하지 않는 구질서에 대한 변혁의 신호탄이다. 개저씨 현상은 더 바람직한 사회를 위해 반드시 해결되어야 한다.

이 책은 그러한 변화의 주체로서의 아저씨에 주목하고자 한다. 아저씨들은 위기다. 나이는 먹어 가고 어깨 위의 짐은 여전히 무거운데 사는 건 점점 더 힘들어져

간다. 화가 나고 짜증이 솟구친다. 우울하고 불안하다. 그러나 여기서 주저앉을 수는 없다. 성공과는 거리가 있어 보이는 내 인생도, 내가 책임져야 할 수많은 것들도 내가 선택한 인생이다. 앞으로 어떤 삶을 살 것인지 결정하는 것은 나다. 그러나 그럴수록 찾아야 하는 것이 삶의 의미다. 내 삶의 의미는 누가 찾아서 정해 주지 않는다. 나 자신이 내 인생에 대한 성찰을 통해 찾을 수밖에 없는 것이다.

이 책의 목적은 아저씨들이 자신의 인생을 돌아보고 삶의 의미를 탐색하는 데 도움이 되는 것이다. 우울과 불안에 시달리며 내가 가장 사랑하는 이들에게조차 외면받는 삶을 살 것인가, 의미 있는 하루하루를 보내며 이 세상 모든 것들을 사랑하는 삶을 살 것인가. 아저씨들의 성찰은 자신의 삶만을 바꾸지 않는다. 아저씨들은 우리 사회를 실질적으로 이끌어 가는 중추다. 아저씨들이 바뀐다면 정말 많은 것들이 바뀔 수 있다. 한국 사회는 최근 거대한 변화의 계기를 맞고 있다. 우리 사회가 어떤 식으로 나아갈지, 그 방향과 속도는 거의 전적으로 아저씨들의 깨달음에 달려 있다.

아저씨가 희망이다.

차 례



## 1장
## 개저씨는 누구인가

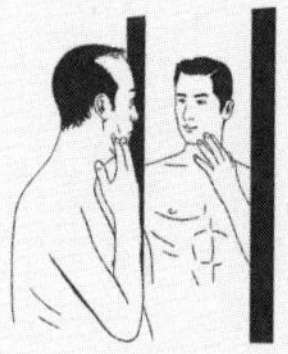

## 2장
## 소년은 개저씨가 된다

## 3장
## 중간계의 존재, 아저씨의 여정

## 4장
## 아저씨가 희망이다

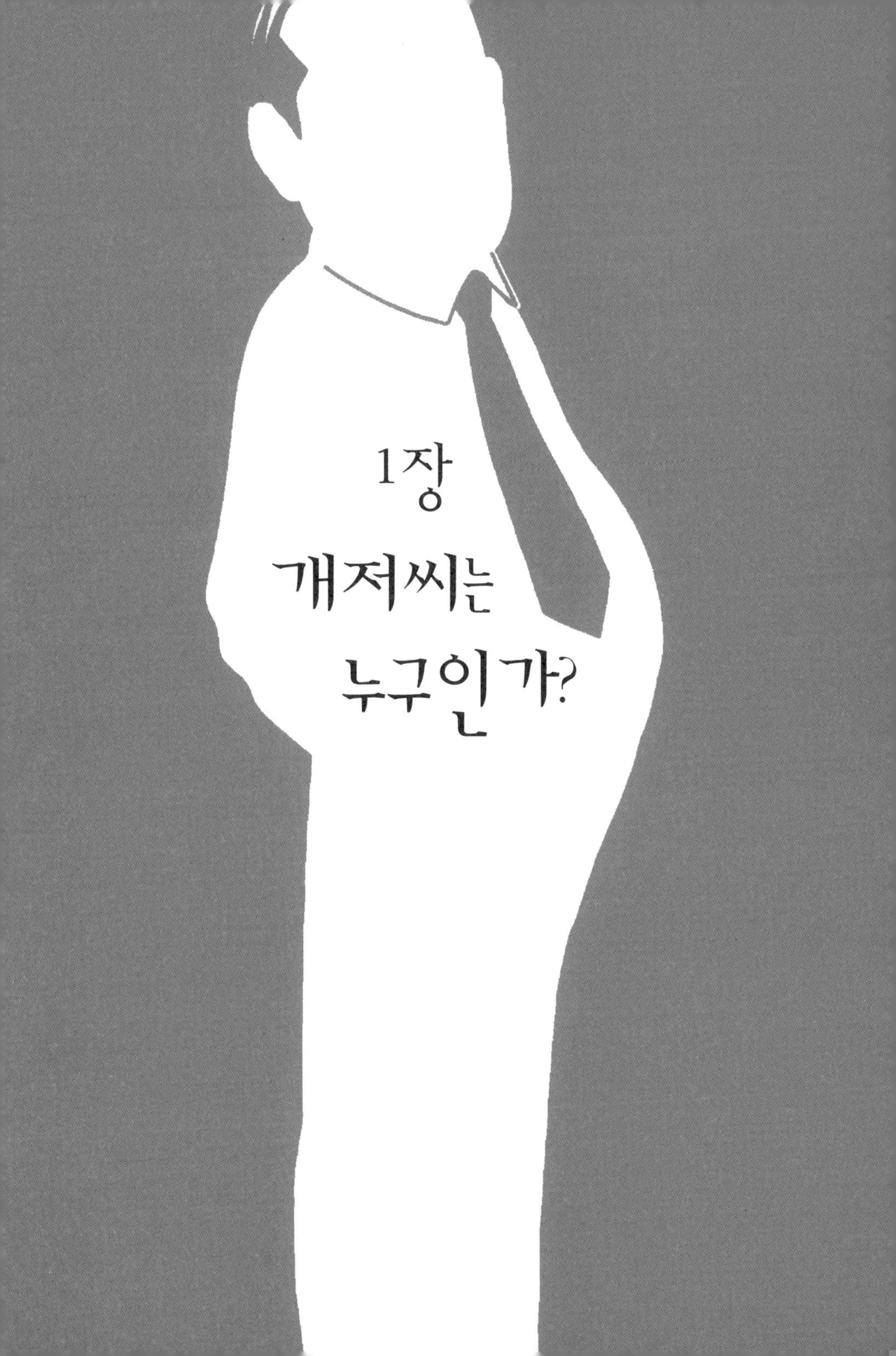

# 1장 개저씨는 누구인가?

# 개저씨는 누구인가?

얼마 전부터 여기저기서 개저씨라는 말이 들려오기 시작했다. 개와 아저씨가 합쳐진 말인 것 같은데 어디서 처음 나왔는지는 몰라도 듣기에 그렇게 아름다운 느낌은 아니다. 언제부턴가 빼도 박도 못 할 아저씨가 된 나도 이 개저씨라는 말이 신경쓰이지 않을 수 없었다.

우선, 개저씨라는 단어의 어원을 추적해 보기로 했다. 개저씨는 '특정 조건을 갖춘 4, 50대의 남성'을 일컫는 말이다. 우리나라에서는 어느 정도 나이가 있는 남자 어른을 아저씨라고 부르는데, 아저씨는 아버지와 항렬이 같은 친척 어른을 칭하는 말이다. 친족 중심의 지역공동체에서 오랜 세월을 살아온 한국인들은 모르는 사람이라도 연배가 아버지와 비슷하면 '아저씨'라고 부른다. 중년 여성에게 아줌마라고 하는 것도 마찬가지다. 그런데, 그 아저씨에 '개'가 붙었다.

개는 식육목 개과에 속하는 동물이다. 약 1만 년 전 야생의 늑대가 사람의 손에 길들여져 개가 되었다. 이후로 개는 사냥을 돕고 집을 지키며 사람들의 삶 속에 들어왔고 현대사회에서 개는 사람들 곁에서 희로애락을 나누는 친구로 받아들여지고 있다. 그럼 개 같은 아저씨라는 건 친구 같고 좋다는 뜻일까? '개 같은 아저씨.' 어째 어감이 영 좋지 않은 것이 그렇지는 않을 것 같다는 느낌이다.

한국에서 개의 의미는 이중적이다. '오수의 개' 설화에서 볼 수 있듯이 개는 과거부터 충직함의 대명사 격인 동물이고 현대에 와서는 인간의 친구, 반려동물로서의 지위도 갖게 되었지만, 우리나라에서 개는 좋지 않은 뜻으로 더 많이 쓰이고 있다. 아마도 농경문화의 전통 때문일 것으로 추측된다. 수렵이나 유목문화에서와는 달리 농경문화에서 개는 있어도 그만, 없어도 그만인 동물이다. 때때로 사냥에도 쓰이고 집도 지킨다지만 농사짓는 사람들이 사냥할 일도 흔치 않을뿐더러 집을 지킨다고 해 봤자 딱히 가져갈 것도 없다. 따라서 농경문화에서 개는 쓸데없는 것, 있으나 마나한 것, 잉여의 의미를 갖는다. 일례로, 크기가 잘아서 사람이 먹기 별로거나 맛이 썩 좋지 않은 과일에는 개살구, 개복숭아처럼 개가 붙는다. 또한 개는 어떤 말 앞에서 그 말을 더 나쁜 뜻으로 만든다. 〈집 떠나면 고생〉이라는 말을 집 떠나면 '개고생'으로 바꾸면, 집 떠나 겪을 고생의 양과 질이 갑절로 나빠지는 느낌이다.

멀리 갈 것도 없이 한국인들이 가장 많이 쓰는 욕이 개새끼다. 이 개새끼는 단순히 개의 새끼를 의미하지 않는다. 한국인이라면 개새끼라는 말에서 귀엽고 깜찍한 강아지나 puppy를 떠올릴 사람은 없다. 개새끼는 사람답지 않은, 사람구실 못하는 존재를 뜻한다. 예를 중시하던 시절, 아무 데나 똥오줌을 흘리고 다니고 누가 쳐다보건 말건 붙어서 짝짓기를 하는 개는 사람으로서 갖춰야 할 최소한의 자격조차 없는 이들에게 붙는 경멸의 표현이었다.

고로, 개저씨의 개는 개새끼의 개라고 추정할 수 있다. 개저씨는 과연 누구길래 이토록 유서 깊은 경멸의 이름표를 달게 된 것일까. 한 사람의 아저씨로서 의문이 들 수밖에 없는 문제다. 나도 어디선가 누군가에게 개저씨로 불리고 있을지 모를 일이니 말이다.

사실, 아저씨가 젊은 사람들에게 인기 있기는 쉬운 일이 아니다. 아버지나 선생님 등의 어른들을 비하해서 부르는 **꼰대**라는 말에서 알 수 있듯이 예전부터 나이 든 아저씨에 대한 인식이 그리 좋았던 적은 없었다. 어른들이 젊은이들에게 간섭하고 잔소리하는 것은 어제 오늘 일이 아니었기 때문이다. 구석기 시대 동굴 벽화를 해독해 봤더니 '요즘 젊은 것들은 안 되겠다'는 뜻이었다는

얘기도 있고, 기원전 1700년 경의 수메르 점토판에도 '철 좀 들어라(어린 것들아)'라는 말이 새겨진 것이 있을 정도로 기성세대와 청년들의 갈등은 유구하다. 따라서 젊은이들이 매사에 트집을 잡고 가르치려고 드는 기성세대에게 불만을 가지게 되는 것은 당연하다. 기성세대와 후속세대 간의 갈등은 어느 시대와 어느 문화에서나 발견되는 보편적인 현상이다.

하지만 지금 청년들의 개저씨들에 대한 태도는 일반적인 기성세대와 청년들의 갈등과는 좀 다른 양상을 보인다. 얼마 전까지도 쓰이던 꼰대라는 말에는 기성세대에 대한 일말의 존중이 남아 있었다. '우리 꼰대가 …'로 시작하는 청년들의 불평은, 어른들의 잔소리는 듣기 싫지만 자신들을 생각하는 그들의 마음은 이해한다는 느낌은 있었다. 그러나 최근의 개저씨들에게는 최소한의 이해나 존중도 남아 있지 않다. 개저씨라는 악에 받친 칭호에서 느껴지는 것은 오직 경멸과 혐오뿐이다. 개저씨들은 왜 이렇게까지 혐오의 대상이 되어 버린 것일까?

개저씨는 최근 2, 3년 동안 급격히 유행하게 된 말이다. 다음소프트는 2016년 5월, 2011년 1월 1부터 2016년 5월 18일까지 블로그(7억 1697만 7511건)와 트위터(91억 8315만 6885건) 등 SNS에 올라온 글들을 빅데이터로 분석했다.[1] 그에 따르면, '개저씨'라는 말의 언급량은 2011년 159회로 미미하다가 2015년 7만 6766회로 폭증

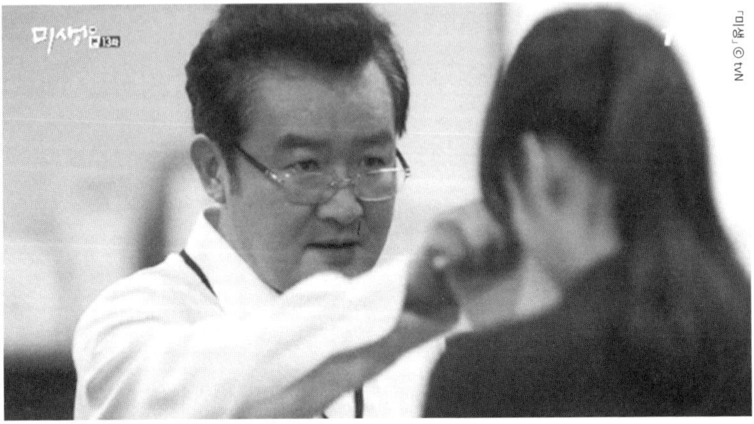


「미생」 ⓒ tvN

했다. 2015년 7월을 기점으로 개저씨는 주로 지하철이나 거리에서 젊은 여성들을 훑어보는 중년 남성을 비난할 때 쓰이고 있다. '개저씨' 연관어로는 '성희롱·성추행'이 4053회 언급돼 1순위에 올랐으며, '꼰대'(2136회), '회식'(1431회), '한남충'(한국남자를 비하하는 속어·1196회) 등 부정적인 단어들이 함께 언급됐다. 연관 감성어 역시 '스트레스'(927회), '여혐'(690회), '욕'(541회), '혐오·경멸'(513회) 등으로 부정적이었다. 연관된 단어들을 보면 개저씨들은 아무 데서나 성희롱과 꼰대질을 일삼는 아저씨들이다. 회식이 연관된 것을 보니 개저씨들은 직장에서도 많이 목격되는 듯하다. 인터넷에 올라와 있는 개저씨 경험담 중에는 대중교통과 공공시설 외에도 직장에서 상사로 만나는 개저씨 이야기가 주를 차지한다.

2016년 3월 방영된 〈SBS 스페셜, 개저씨〉 편에서 개저씨 대표

(?)로 등장한 사람도 드라마 「미생未生」의 마부장 역을 연기했던 손종학 씨였다. 마부장은 50대 아저씨로 부하직원들에 대한 안하무인적인 태도와 인격모독, 성희롱 등을 일삼으며 직장에서의 갈등을 고조시키는 전형적인 개저씨 캐릭터를 보여 준다. 아무래도 대학을 졸업하고 막 사회에 진출한 2, 30대 청년들이 가장 많이 접하게 되는 '나쁜 아저씨'들이 개저씨의 정체일 것이다.

# 진상 보존의 법칙

개저씨들처럼 아무 데서나 민폐를 끼치고 제멋대로 행동하는 사람들을 진상이라고 한다. 진상이란 상식적으로 이해되지 않는 일들을 저지르는 골칫덩이를 뜻하는데 진귀한 물품을 나라에 바치는 진상進上에서 유래했을 것으로 추정된다. 아마도 나라에 갖다 바쳐야 하지 않을까 싶을 만큼 희한한 짓들을 하는 인간들을 진상이라 부르지 않았을까 싶다. 진상짓하는 아저씨들이 많은 것은 사실이다. 그래서 개저씨라는 말도 나왔을 것이다. 하지만 모든 아저씨들이 개저씨는 아니다. 동서고금을 막론하고 일정 수 이상의 사람들이 있는 곳에는 진상이 있기 마련이다. 집단 내의 진상의 비율은 거의 법칙이라고 할 수 있을 만큼 일정하게 유지된다.

실없는 소리 같지만 이 진상보존의 법칙을 뒷받침할 만한 예가 있다. 베르나르 베르베르의 소설,『개미』에 소개된 실험이다. 프랑스 낭시 대학의 행동생물학 연구소 연구자들은 특정 조건의 우리를 만들고 쥐 여섯 마리의 행동을 관찰했다. 쥐들이 있는 곳과 먹이통 사이에는 넓은 수영장이 있었다. 먹이를 구하려면 헤엄쳐 건너야 하게끔 만든 것이다. 연구자들은 곧 쥐들의 역할이 나누어진다는 사실을 발견했다. 즉 여섯 마리의 쥐들은, 열심히 헤엄쳐 먹이를 구해 오지만 다른 쥐들에게 빼앗기는 피착취형 쥐 2마리와 이들의 먹이를 빼앗는 착취형 쥐 2마리, 헤엄쳐서 구해 온 자기 먹이를 빼앗기지도 않고 남의 먹이를 빼앗지도 않는 독립형 쥐 1마리, 그리고 먹이를 구하기 위해 헤엄치지도 않고 남의 먹이를 빼앗지도 않는 천덕꾸러기형 쥐 1마리로 나뉘었다.

새로운 쥐들로 바꿔 가며 실험을 반복해도 결과는 같았고, 더 재미있는 것은 피착취형 쥐 여섯 마리나 착취형 쥐 여섯 마리로 실험을 해도 피착취형: 착취형: 독립형: 천덕꾸러기형의 비율은 동일했다는 것이다. 심지어 천덕꾸러기 여섯 마리로 실험을 해도 결과는 같았다. 이 실험은 사회적 역할이 타고난 성향으로 정해지는 것이 아니라 집단 내에서의 역동에 따라 자연스럽게 나눠지게 된다는 것을 보여 준다. 그렇다면, 혹시 사람의 경우도 마찬가지가 아닐까?

내가 군대에서 경험했던 일이다. 우리 소대에는 '고춧가루'로 불리는 진상 말년 병장이 하나 있었다. 보통 제대가 얼마 안 남은 말년들은 군대 일 대신 전역 후 계획을 짜거나 복학 준비를 하며 시간을 보내지만 이 인간은 달랐다. 기상시간부터 취침점호시간까지 사사건건 트집을 잡고 사람을 괴롭혔는데 어찌나 악랄했는지 온 소대원들이 그 인간이 제대하는 날을 손꼽아 기다릴 정도였다. 드디어 그 말년이 제대를 하고 소대에 평화가 찾아오는가 싶었는데 이게 웬일인가. 말수 적고 일 잘하던, 있는 듯 없는 듯 조용하게 지내던 병장 중 한 명이 똑같이 진상 짓을 시작하는 게 아닌가. 마치 '이 일은 이제 내가 이어받겠어'라는 듯이 말이다.

이 경험은 꽤 인상적인 것이어서 그 뒤로 몸담게 되는 조직에서마다 사람들의 행태를 면밀히 관찰하게 되었고, 그 결과 조직에는 일정 비율의 진상이 있다는 결론에 도달했다. 그리고 진상이 졸업, 이직, 퇴직 등의 이유로 사라지면 그 빈 자리는 이상할 정도로 빠르게 다른 이에 의해서 채워졌다. 나중에 각계에 있는 지인들과 이 주제에 대해 이야기를 나눠 본 결과, 이런 일은 어디서나 일어나고 있었다. 언론계에 있는 선배는 진상과 보통 사람의 비율이 1:4라는 경험적인 통계를 제시하기까지 했다. 다섯 명이 있으면 그중 하나는 진상이라는 얘기다. 컨설팅 쪽 일을 하는 한 후배는 다음 말을 덧붙였다. '우리 조직엔 그런 사람 없다'는 사람이 있으면 그가 바로 진상이라고.

낭시 대학교의 실험과 군대에서의 내 경험, 사회인들의 관찰이 의미하는 바는 같다. 일정한 수 이상의 사람들이 모인 조직에는 특정 역할을 하는 사람이 반드시 존재한다는 것이다. 비록 그게 진상이라도 말이다. 이것이 진상 보존의 법칙이다. 일정 수 이상의 집단에 진상이 존재해야만 하는 이유는 명확히 밝혀지지 않았지만, 추정컨대 그런 개체들의 존재가 구성원들 간의 균형을 유지하는 데 도움이 되는 것이 아닐까 한다. 진상이 주는 스트레스는 매일 똑같이 반복되는 일상에 긴장을 주기도 하고, 진상의 존재 때문에 다른 구성원들의 결집력이 향상되는 효과도 있을 수 있다. 여러 사람으로 구성된 목적을 가진 집단이라면 집단의 목적 달성을 위해 악역을 담당하는 구성원도 어느 정도는 필요한 법이다.

이런 관점에서 보면 개저씨는 조직에서 필요하긴 하지만 모두가 꺼리는 역할을 떠맡은 사람일지도 모른다. 당하는 사람 입장에서는 즐기는 것처럼 보일 수도 있지만, 사사건건 트집 잡고 잔소리하는 역할을 즐기는 사람이 몇이나 있을까? 낭시 대학의 연구자들이 쥐들의 스트레스 수준을 살펴보기 위해 쥐들을 해부했을 때, 가장 많은 스트레스에 시달린 것은 피착취형 쥐가 아니라 착취형 쥐였다. 쥐들이 어떤 목적을 갖고 조직을 운영하지는 않았겠지만 피착취형 쥐들을 몰아붙여 먹이를 가져오게 하고 독립형 쥐들과는 긴장을 유지하는 등 현상유지에 드는 에너지만도 만만히 볼 수 있는 것이 아니다.

실제로 대한민국 4, 50대의 스트레스 지수는 위험수준이다. 암 사망률 1위가 4, 50대 남성인 것이 이유 없지는 않을 것이다. 대개 개저씨들은 「미생」의 마부장처럼 과장이나 부장급, 조직의 중간관리자 역할을 맡는다. 과장이나 부장은 부서를 통솔, 관리하여 조직의 성과를 책임져야 하는 위치다. 그들 입장에서 부하직원들에 대한 참견과 잔소리는 하기 싫어도 해야 하는 업무에 속한다. 한 부서와 업무의 중간 관리자로서 자신이 책임지고 있는 일이 어떻게 돌아가고 있는지는 알아야 할 것이 아닌가. 업무가 낯설고 서툰 후배에게 일을 가르치지 않으면 조직이 안 돌아간다. 그랬을 때 그 책임을 고스란히 떠맡게 될 이들은 중간관리자인 개저씨들이다. 개저씨들의 잔소리와 꼰대질에 시달려 가며 오늘도 죽지 못해 직장생활을 이어 가고 있는 청년들은 시간이 지나 개저씨들의 위치에 섰을 때 그들과 확연히 달라질 수 있을까?

군대생활의 부조리를 다룬 영화 「용서받지 못한 자」에서 막 자대배치를 받은 이등병 승영(서장원 분)은 고참들의 구타와 욕설에 몸서리치며 자신은 나중에 절대 저런 고참이 되지 않겠다고 다짐한다. 하지만 자신이 인간적으로 잘 대해 준 후임이 계속해서 문제를 일으키고, 그 때문에 자신의 입지가 곤란해지자 승영은 예전

「용서받지 못한 자」 ⓒ 청어람(주)

에 자신이 그토록 경멸하던 고참들과 똑같은 모습으로 후임병을 구타하고 만다. 지금 우리 사회에 존재하는 개저씨들이 모두 사라지면 모든 이들에게 평화가 찾아올까? 전망은 회의적이다. 개저씨 하나가 없어지면 또 다른 개저씨가 그 자리를 채울 것이다. 그리고 언젠가 새로운 개저씨는 당신이 될 수도 있다.

# 개저씨의 조건, 갑질

개저씨들의 어떤 행동들은 일종의 필요악이다. 조직의 필요에 의해서 어쩔 수 없이 이루어지는 일들도 있고, 조직문화나 집단 구성원들 간의 역학관계상 불가피하게 나타나는 부분도 있기 때문이다. 물론 부당한 지시나 인격모독, 성희롱 등의 행태는 근절되어야 하겠으나 적어도 그냥 좀 귀찮고 꼴보기 싫은 짓을 한다고 모든 아저씨들을 개저씨로 몰아갈 수는 없다.

우리는 아저씨를 개저씨로 만드는 조건들을 좀더 꼼꼼히 살펴볼 필요가 있다. 첫째, 불특정 다수의 아저씨가 막연히 개저씨로 불리는 일은 막아야겠고, 둘째, 개저씨는 개개인의 성향이나 자질의 문제가 아니라 보다 근본적인 원인에서 비롯되는 것 같기 때문이다. 이러한 목적을 위해 개저씨의 행동들을 추려 내어 일종의 질적 분석을 실시해 보았다. 여러 웹사이트나 SNS, 뉴스에서 반복적으로 발견되는 개저씨들의 사례는 다음과 같다.

- 지하철에서 소리를 질러 대는 주정뱅이
- 공공질서를 무시하고 남들에게 피해를 끼치면서도 잘못했다는 의식이 없는 진상
- 종업원을 하인처럼 여기며 고함과 반말을 일삼거나 택시나 버스기사에게 시비 거는 손놈(블랙컨슈머)
- '나 때는'을 강조하며 직원에게 열정페이를 강요하는 사장
- 자신의 잘못에는 관대하고 남들의 잘못은 크게 따지는 사람
- 업무와 관계없는 사적인 심부름을 시키는 상사
- 딸 같은 여직원들에게 성희롱과 성추행을 일삼는 상사
- 새벽에도, 주말에도 아랑곳하지 않고 메시지를 보내는 상사
- 금요일 저녁 회식을 강요하는 팀장

상황과 행동양식이 매우 다양함을 알 수 있다. 이러한 사례에서 추출한 개저씨들의 행동적 특징은 다음과 같이 정리할 수 있다.

- 화를 잘 낸다(소리를 지른다).
- 성질이 급하다.
- 나이와 지위를 앞세운다.
- 부당한 지시를 내린다.
- 개인적인 일에까지 참견한다.
- 자신의 생각을 강요한다.
- 자기만 옳고 남들은 틀렸다고 생각한다.
- 내가 하면 로맨스 남이 하면 불륜이 일상화되어 있다.
- 자신의 생각에 따르지 않으면 비아냥거린다.
- 욕설 등 인격모독을 한다.
- 여성들에게 성적 수치심이 드는 언행을 한다.

이러한 행동들은 크게 다섯 가지 특성으로 구분된다.

① 화를 잘 낸다. 개저씨들은 늘 분노에 차 있는 것 같다. 별 것도 아닌 일로 시비를 걸고 좋게 넘어가도 될 일을 크게 만든다. 회사에서는 물론이고 가족에게도 화를 내기 때문에 가족과의 관계도 좋지 않다. 가끔씩 매체를 장식하는 분노범죄를 저지르는 사람도 상당수는 4, 50대 남성이다.

② 나이와 지위를 앞세운다. 개저씨들은 말이 잘 안풀리면 '너

몇 살이야?' '네가 뭘 안다고 그래?'와 같은 말로 자신의 우월한 지위를 이용해서 상대를 깔아뭉개려 한다. 때문에 이들과의 대화나 토론은 불가능하다.

③ 매사에 참견하고 간섭한다. 개저씨들은 일을 가르쳐 준다는 핑계로 사생활에 간섭하고 애인과의 관계 같은 민망하고 사적인 질문까지 서슴지 않는다. '나 때는 그러지 않았다'는 말을 입에 달고 살며, 대답을 하지 않으면 어린 게 건방지다는 소문을 낸다.

④ 자신의 생각을 강요한다. 개저씨들은 자신의 판단, 일하는 방식이 무조건 옳다고 생각하며 이에 대한 반론을 허용하지 않는다. '내가 너만 했을 때는'과 '요즘 어린 것들은'이 꼭 따라붙는다. 이의를 제기하면 일장연설이나 인격모독을 동반한 기나긴 훈계를 듣게 된다.

⑤ 성폭력을 저지른다. 개저씨들은 회사의 여사원들이나 거리에서 마주치는 여성들에게 부담스런 시선을 보내거나 아무렇지 않게 성적인 농담을 건넨다. 자신의 지위와 권위를 앞세워 신체적 접촉이나 성관계까지 요구하는 경우도 있다. 자신이 대단히 능력 있고 매력적이라고 생각하는 것 같다.

이 다섯 가지 행위들을 가지고 개저씨들의 성격을 한마디로 요약하자면, 무엇이건 제 마음대로 한다는 것이다. 개저씨들은 상대가 원하든 원치 않든, 사회적 통념이 어쨌든 간에 자신이 하고 싶으면 그냥 한다. 개저씨들이 더 대단한(?) 것은 그게 당연하다고 생각한다는 것이다. 자신은 그럴 권리가 있다고 생각하고 그것을 추호도 의심하지 않는다. 개저씨들은 아무런 죄책감 없이 이런 행동을 하고 여기에 반발하거나 문제를 제기하는 이들을 용납하지 않는 것은 물론, 그러한 행동이 문제가 될 수 있다는 인식 자체가 없다.

개저씨들의 이러한 특징을 가장 상징적으로 보여 준 사건이 2017년 5월에 있었던 김○○ 의원의 소위 노룩패스다. 공항 검색대를 지나며 수행원에게 눈도 마주치지 않고 자신의 여행가방을 굴려 보낸 김 의원의 영상은 순식간에 전 세계에서 화제가 되었다. 심지어 김 의원은 자신의 행위를 지적하는 기자들에게 '무엇이 문제인지 모르겠다'며 해명할 것이 없다는 반응을 보였다. 미국의 「로이터 통신」, 영국의 「인디펜던트」, 프랑스의 「르몽드」 등 주요 외신들은 이 사건을 중요하게 보도했고, 결국 개저씨gaejeossi와 갑질gapjil이라는 말까지 세계에 알

리는 계기가 되었다. 「르몽드」가 인용한 코리아 엑스포제의 구세웅 대표의 '개저씨 머스트 다이Gaejeossi Must die'에 따르면 개저씨는 다음과 같은 사람이다.

> 이해할 수 없는 이유로 자신을 신으로 여기며 자신을 우주의 중심에 두기 위해 이상하고 잘못된 질서를 남에게 강요하고, 자신보다 아랫사람이라 생각되는 사람 앞에서 막무가내로 구는 중년 남성이다. 이러한 남성들의 공통점은 자신들의 행위의 정당성을 기괴할 정도로 확신하며 이를 거부하거나 맞서는 사람이 나타났을 때 극심하게 당황하고 심지어 화를 낸다는 것이다.[2]

김 의원 노룩패스의 요점은, 지위를 앞세워 약자에게 강요하는 부당한 행위다. 수행원이 의원의 여행가방을 챙길 수는 있다. 그러나 여행가방을 받을 사람에 대한 배려라고는 찾아볼 수 없는 그의 태도는 그가 얼마나 이런 상황을 당연하게 생각하고 있는지가 드러난다. 이런 종류의 사건은 한국에서 매우 흔하다. 이게 바로 갑질이다. 갑질은 계약서 상의 두 당사자인 갑과 을 중, 계약을 진행하는 주체이자 을을 고용하고 임금을 지불하는 쪽을 의미하는 갑甲에다 행위를 뜻하는 '질'을 붙인 말이다. 최근 한국에서 갑질의 의미는 '지위를 앞세워 약자에게 강요하는 부당한 행위'로 통용되고 있다. 위에서 살펴본 바와 같이 개저씨의 행위들이 갑질로 요약될 수 있다는 것은, 갑질이야말로 아저씨를 개저씨로 만드는 가장 중요한 조건이라는 뜻이다.

# 갑질의 문화심리학,
# 개저씨 현상의 의미

그런데, 갑질은 아저씨의 전유물일까? 몇년 전부터 우리 사회의 화두로 떠오른 갑질 사례들을 살펴보자. 2014년 12월 5일, 여러 매체들을 장식하며 화제가 되었던 갑질의 아이콘, '땅콩회항'의 주인공은 여성이다. 당시 나이는 40세. 서울시 강남구 모 아파트 경비원의 분신 사건도 주민 할머니의 모욕적 행동이 원인이었다. VIP 고객이라며 주차 안내하던 알바생을 무릎 꿇리고 폭행한 '백화점 모녀 갑질'의 주인공들도 여성들이었다.

대학 입학철마다 인터넷을 달구는 '대학 똥군기 사건'들. 겨우 두서너 살 차이 나는 후배들에게 가해지는 기가 막힌 갑질의 대향연. 주인공들은 20대 초반의 어린 대학생들이다. 대학생들뿐만이 아니다. 갑질은 2, 30대 젊은 회사원들 사이에서도 만연하고 있다. 이른바 젊은 꼰대들의 약진이다. 이들 젊은 꼰대들은 군기잡기, 성희롱, 따돌림, 강제모금 등 장르를 가리지 않고 개저씨를 능가하는 갑질을 펼치고 있다. 물론 갑질의 대명사로 떠오른 김 의원이나 라면 상무(남, 당시 나이 63세)처럼 개저씨의 전형에 해당하는 사례도 있지만, 이후 쏟아진 수많은 제보들에 따르면 갑질에는 성별도 나이도 없었다. 그야말로 만인의, 만인에 의한, 만인에 대한 갑질이란 말이 어울릴 정도다.

한국사회에서 갑질은 왜 나타나는 것일까? 한국인의 유전자에 갑질 유전자라도 있는 것일까? 사실, 서열을 정하고 타인을 지배하려는 욕구는 한국인들에게만 국한되지 않는다. 서로 모르는 사람 3명씩으로 이루어진 집단 59개를 대상으로 한 실험에서, 모든 집단의 구성원들에게서 서열이 나타났다. 전체 집단 중 50%는 1분 안에, 그리고 나머지 50%는 5분 안에 분명한 서열을 형성했다.[3]

진화심리학에서는 인간의 지위추구를 보편적 동기로 본다. 높은 지위는 지위가 낮은 다른 개체들보다 생존이나 번식에 도움되는 자원에 확실하게 접근할 수 있는 기회를 더 많이 얻는다는 장점이 있다.[4] 그러나 지위 차에 따른 자원의 배분은 문화에 따라 다르다. 높은 지위에 있는 이들이 낮은 지위에 있는 이들을 무한정 착취할 수 있고 낮은 지위에 있는 이들은 그러한 행위에 이의를 제기할 수 없다는 것을 당연히 여기는 갑질은 다분히 한국적 현상이다.

갑질이 한국인들의 행위양식일 가능성을 뒷받침해 줄 증거가 있다. 최근 수행된 갈등해결방식의 문화 차이에 대한 연구에 따르면, 한국인들은 지배와 양보라는 갈등해결방식을 주로 사용하는 것으로 나타났다.[5] 갈등해결방식은 갈등국면에서 갈등을 해결하기 위해 사용되는 다양한 전략들을 말한다. 이 전략들은, 갈등 자체에서 멀어지고자 하는 '회피', 상대를 억누르고 자신의 요구사항을 관철시키려는 '지배', 자신의 요구를 접고 상대의 요구에 순응하는 '양보', 서로가 만족할 수 있는 차선책을 찾는 '타협', 상대방을 만족시키면서도 자신의 요구를 극대화하는 '통합' 등의 다섯 가지가 있다.

그런데 '지배'와 '양보'라는 갈등해결방식은 대표적인 집단주의 문화로 꼽히는 한국에서는 별로 기대되지 않았던 결과다. 집단 내의 조화를 중시하는 집단주의 문화에서는 '회피'나 '타협' 혹은 '통합' 등의 전략이 우세할 것으로 생각되기 때문이다. 한국인의 '지배' 점수는 개인주의 문화의 대표라 할 수 있는 미국보다도 높았고, '양보'의 점수는 집단주의 문화의 대표라 할 수 있는 일본보다 높았다. 따라서 한국의 갈등해결전략은 개인주의 vs 집단주의의 틀로는 설명되지 않는 현상으로, 한국적인 문화적 요소가 보다 많이 개입되어 있는 현상이라 볼 수 있다. 이 '지배'와 '양보'라는 갈등해결방식은 한국문화에서의 갑질의 특성을 그대로 보여 준다. 자신보다 사회적 지위가 낮은 상대에게는 '지배'를, 자신보다 지위가 높다고 생각되는 상대에게는 '양보'를 사용하는 것이다.

지배와 양보는 서로 이질적으로 보이지만 상대방의 지위가 이 둘 사이를 조절한다고 보면 충분히 갑질로 이해할 수 있는 행위양식이다. 나보다 높은 사람에게는 숙이고 들어가고(양보) 나보다 낮은 사람에게는 내 말대로 하기를 바라는 것(지배)이다. 이러한 행위양식을 '권위주의적 행위양식'이라 한다. 권위주의적인 사람들은 권위가 시작되는, 상대방의 지위에 관심을 갖고 그 지위로 상대방과 나의 위치가 파악되는 순간 상대방에게 하게 될 행동의 종류와 범위를 결정한다.

권위주의적인 사회에서 어떤 사람의 지위란 그 사람의 인품과 능력, 그 지위를 가질 자격을 포함하는 개념이다. 따라서 지위가 높은 사람은 그에 걸맞은 권위를 갖게 되고 다른 이들은 그것에 복종해야 하는 것으로 받아들여진다. 이런 식의 이해는 반대 방향으로도 이루어진다. 지위가 낮은 사람은 그 사람의 능력이나 경험 등으로 보아 낮은 지위에 있을 만하다고 여겨지는 것이다. 그러니 자신보다 지위가 낮은 이들에 대해 자연히 하대가 나오게 된다. 한국문화에서 사회적 지위를 결정짓는 것으로는 직위, 직함, 경력,

경험 등 여러 가지가 있으나, 무엇보다 나이를 빼놓을 수 없다. 한국인들이 세계에서 거의 유일하게 태어난 해부터 한 살로 치는 한국 나이를 사용하는 데에는 이유가 있다. 한 살이라도 더 먹은 것이 대인관계에서 절대적으로 유리하기 때문이다. 신분제와 장유유서 등의 유교적 질서, 그리고 일제강점기, 군부독재 등의 권위주의 시대를 거치며 한국인들은 권위주의적 행위양식을 내면화할 수밖에 없었다. 그리고 이 행위양식은 상대방과 나 사이의 지위 차이가 인식되는 순간 자동으로 활성화된다.

갑질은 자신이 권력과 지위를 갖는 순간 드러날 가능성이 크다. 이는 성별과 연령의 문제가 아니다. 간호사들의 태움 현상처럼 여초 현상이 심한 조직에서도 자신의 지위를 이용하여 철저히 갑질을 일삼는 인물들이 있고, 20대 초반의 대학생들 중에도 1학년 새내기들이 버릇없다며 우리 때는 그렇지 않았다를 입에 달고 사는 이들이 많다.

당연히도, 모든 아저씨들이 개저씨인 것은 아니다. 아저씨들만 갑질을 하는 것이 아님에도 불구하고 개저씨들에 대한 적대감이 두드러지는 이유는 아마도 우리 사회에서 아저씨들의 영향력이 그만큼 크기 때문일 것이다. 앞서 말했듯이 사회에서 4, 50대 남성들은 대부분의 분야에서 중간 관리자 이상의 역할을 수행하게 된다. 이들 앞에서 청년들은 대개 을乙일 수밖에 없다. 아저씨들은 그들의 사장이고 상사고 선배며 심지어 연장자다. 즉, 아저씨들은 기본적으로 갑甲의 위치에 서 있는 존재인 것이다. 막 사회에 나선 청년들이나 사회진출의 역사가 길지 않은 여성, 사회생활에서 은퇴한 노인 등 사회적 영향력이 크지 않은 모든 이들은 아저씨들의 영향력에서 자유로울 수 없다. 이런 아저씨들 중에서 권위주의적 행위양식을 체화하고 갑질을 당연시하는 부류가 바로 개저씨들이다.

그렇다면, 개저씨에 대한 혐오와 거부는 부당한 권력을 행사하는 갑들에 대한 을들의 반란으로 이해할 수 있다. 개저씨 현상은 우리 사회의 구성원들이 부당한 권위를 더 이상 인정하지 않는다는 뜻이며, 우리 사회를 지배했던 권위주의적 문화가 이제는 바뀌어야 한다는 것을 의미한다. 한국문화에서 개저씨의 존재는 어제 오늘의 일이 아니었다. 그러나 그동안 개저씨의 잘못된 권위를 당연시했던 을들은 이제 개저씨를 새롭게 인식하고 그들을 거부하기 시작했다는 것이 현상의 본질이다. 이러한 현상은 우리 사회를 위해 긍정적이다. 한국사회에서 권위주의적 문화로 인한 폐해는 우리 모두 잘 알고 있지 않은가. 개저씨 현상은 갑질로 대표되는 한국사회의 뿌리 깊은 병폐를 해소할 수 있는 논의의 기회를 제공한다. 그런데 그 양상이 혐오의 형태를 띠고 있다는 것은 다소 우려할 만하다. 개저씨에 대한 반응은 혐오 일색이다. 특히 개저씨라는 말을 만들어 냈을 것으로 추정되는 2, 30대의 혐오는 상상을 초월한다. 자료 조사차 SNS를 뒤지다가 찾아낸 개저씨 욕들을 읽노라면 분명 나한테 한 욕이 아님에도 소름이 끼치고 심장이 옥죄어 오는 기분이 들 정도였다.

# 혐오의 시대,
# 개저씨의 위치는?

사실 최근 혐오의 대상은 개저씨만은 아니다. 우리 사회에는 언제부턴가 혐오가 만연하고 있는 듯하다. 남녀가 서로를, 청년과 노인이 서로를 혐오한다. 맘충, 빠충이란 말을 들어본 적 있는가? 공공장소에서 자기 아이를 제대로 돌보지 않아 민폐를 끼치는 부모를 일컫는 표현이다. 틀딱충은 노인들을 비하하는 말로 틀딱이란 '틀니 딱딱'의 준말이고 급식충은 급식을 먹는 중·고등학생들을 칭하는 말이다. 바야흐로 혐오의 시대라는 말이 어색하지 않을 지경이다. 요즘 젊은이들 사이에서 많이 쓰이는 '극혐'이란 표현도 그렇다. 문자 그대로 지극히 혐오스럽다는 뜻의 이 말은 매우 일상적인 맥락에서도 흔하게 사용된다. 맘충 극혐, 틀딱충 극혐뿐만 아니라 날이 더워도 극혐, 밥이 맛이 없어도 극혐, 누가 꼴 보기 싫어도 극혐이다. 극혐이란 태도를 점수로 나타내는 척도의 극단에 있는 표현이다. 보통, 혹은 그저 그렇다는 존재하지 않는다. 말 그대로 혐오의 일상화라고 할 수 있다. 개저씨 현상 또한 이러한 혐오의 연장선상에 있는 것처럼 보인다. 개저씨들을 혐오하는 이들은 과연 누구일까.

이 의문에 답하기 앞서 혐오라는 정서의 성격에 대해 알아볼 필요가 있다. 혐오는 두려움, 슬픔, 행복, 등의 기본 정서 중에서도 인간의 삶에 가장 큰 영향을 미치는 종류의 감정이다. 정서를 적응에 따르는 생물학적 반응으로 보는 입장에 따르면 혐오는 썩은 음식을 먹었을 때 혹은 감염된 상처나 독충 등을 보았을 때 느껴지는 거부의 반응이다. 즉, 혐오에는 대상에서 느껴지는 불쾌감과 그것에서 기피하고 싶은 느낌 등이 포함된다.

심리학자 로진은 혐오는 '오염물의 체내화'라는 관념에 초점을 둔 복잡한 인지적 내용을 지니고 있다고 주장한다.[6] 역겨운 대상 그 자체만이 아니라 그것이 몸 안으로 들어올 경우 일어날 수 있는 결과들(예, 질병, 감염, 사망 등)을 상상함으로써 혐오가 구체화된다는 것이다. 다시 말해, 혐오가 강렬한 이유는 혐오를 불러일으킨 대상이 나와 내가 속한 집단의 생존에 위협이 되기 때문이다. 우리가 썩은 음식이나 토사물의 냄새를 맡거나 뱀, 거미, 전갈 등을 봤을 때 어떤 반응이 자연스러울지는 상식적인 일이다. 진저리를 치며 그것을 뿌리치지 않으면 내 생명이 위험해질 수 있으니 말이다.

그러고 보면 '○○충'이란 단어 자체에 이미 혐오라는 정서가 짙게 배어 있다. 예로부터 벌레는 인류의 생존을 위협해 온 존재다. 사람들은 벌레의 모양을 보거나 생김새를 떠올리는 것만으로도 혐오감이 들도록 진화해 왔다. 지역차별, 사자死者모욕, 범죄인증 등으로 사회문제화된 일간베스트 회원을 일컫는 일베충에서 시작된 ○○충 시리즈는 한남충, 급식충, 설명충, 맘충에 이르기까지 최근 들어 급속도로 퍼지고 있다. 그러나 ○○충 중에는 일베충처럼 실제로 사회적 위협을 야기하는 부류도 있으나 설명충(뭐든지 설명하려고 드는 사람)이나 진지충(분위기 파악하지 못하고 매사에 진지한 사람)처럼 단순히 자신의 선호나 취향에 맞지 않는 이들을 지칭하는 경우도 많다. 혐오의 의미가 대상과 영역을 떠나 불쾌감을 주는 행동 전반으로 확장된 모양새다.

그러나 혐오는 단순한 선호의 문제가 아니다. 독일의 문화학자 빈프리트 메닝하우스는 혐오를 '동화될 수 없는 타자성을 거부하는 자기 주장의 고조'로 보고 있다.[7] 풀어 말하자면, 혐오란 나와 같지 않은 이들과 가까워지는 것을 강렬하게 원치 않는 마음이라는 것이다. 자연히 혐오에는 비하와 멸시, 차별이 뒤따르는데, 이는 썩은 음식이나 벌레를 뿌리치고 멀리하려는 동기와 본질적으로 같다. 집단생활을 시작한 이후로 사람들은 위생상 배설물, 시체, 썩은 음식 등의 불쾌한 물질을 처리해 왔으며, 비슷한 이유로 혐오감을 주는 특정 집단이나 오염물로 인식되는 것들을 지닌 사람들을 기피하도록 가르친다. 역사적으로 혐오는 특정 집단과 사람들을 배척하기 위한 강력한 무기로 이용되어 왔다. 가장 대표적인 것이 인종혐오다. 히틀러는 유태인을 더럽고 냄새나는 열등한 종족, 독일사회의 기생충이라 선동했고, 노예해방 선언 이후 150년이란 세월이 무색하도록 미국에서는 흑인에 대한 차별이 끊이지 않고 있다.

인간 사회에서 인종혐오가 사라지지 않는 이유는 어떤 집단에 대한 혐오감을 표출함으로써 내內집단의 우월감을 확인하고, 당면한 문제에 대한 불안감을 해소하는 등의 심리적 이점이 있기 때문이다. 어떤 사회에든 불만을 가진 이들은 있기 마련이고 이러한 불만은 가장 찾기 쉬운 대상에게 표출된다.[8] 인종은 피부색, 머리카락, 눈동자 등 외모로 확연히 구분되는 특징 때문에 쉽게 이러한 편견의 대상이 되어 왔다. 이러한 관점에서 보면, 현재 한국에 만연한 혐오도 기본적으로 같은 메커니즘에서 비롯된다고 생각된다. 적당하고 만만해 보이는 희생양을 찾아 자신의 불만을 표출하는 것이다.

그렇다면 개저씨 혐오의 이유도 마찬가지일까? 누군가가 자신의 불만을 표출하기 위한 수단으로 개저씨를 이용하고 있는 것일까? 일단 개저씨에게 불만이 있는 이들은 분명히 있는 것 같다. 그러나 그 양상은 일반적인 혐오의 메커니즘과 다르다. 『혐오와 수치심』의 저자 마사 너스바움에 따르면 혐오는 지배적인 집단이 자신에 대한 불안감을 표출하는 수단이 된다.[9] 역사적으로 혐오의 대상은 대개 소수자, 외부인들, 낮은 사회적 지위에 있는 이들이었다. 독일의 유태인들이 그랬고 미국의 흑인들이나 유럽의 이슬람계 이주민들이 그렇다. 현재 우리 사회에 만연한 혐오도 대부분 상대적인 약자들을 향하고 있다. 그러나 개저씨 혐오는 이와 다르다. 개저씨는 우리 사회에서 소수도 아니고 약자의 위치에 있지도 않다. 오히려 개저씨는 이 사회의 강자며 갑의 위치에 있는 존재들이다. 이들을 혐오하는 것은 청년들이다. 청년들이야말로 소수이며 약자다. 즉, 개저씨 혐오는 강자에 대한 약자의 혐오라는 성격을 갖는다. 이는 혐오의 역사에서 예외적인 일이다.

## 청년들은 왜 개저씨를 혐오하게 되었을까?

# 누가 개저씨를 만들었나

개저씨가 등장하기 몇 년 전, 수저론이 등장했고 곧이어 흙수저라는 말이 유행했었다. 부모 잘 만난 금수저와는 달리 노력이 아닌 노오력을 거듭해도 현상유지조차 어려운 이들이 스스로를 자조적으로 일컫는 말이 흙수저다. 사회에 어떠한 현상이 급속히 퍼지는 이유는 그것이 사람들에게 그만큼 공감을 불러일으켰다는 뜻이다. 청년들이 흙수저라는 말을 통해 하고자 했던 이야기는 무엇일까? 기성세대들은 흙수저 이야기를 어린애들의 철없는 소리로 치부해 버린다. 자신이 잘살고 싶으면 노력을 하면 될 것이 아니냐는 것이다. 요즘 젊은 것들은 노오력이 부족해. 개저씨들의 1번 레퍼토리다. 하지만 청년들이 느끼기에 더 이상 우리 사회는 노력한 만큼 잘살 수 있는 사회가 아니다. 한국과 외국의 부자들을 비교해 보면, 외국은 스스로 얻은 부, 즉 창업자, 자수성가의 비율이 상당히 높은 반면, 한국의 부자들은 상속, 즉 부모에게 물려받은 재산으로 부자가 된 케이스가 대부분이다.[10]

우리는 소위 '부모 잘 만나' 남들보다 쉽게 기회를 얻고 또 성공하는 이들—이른바 금수저—을 자주 접하게 된다. 국회의원의 자녀가 로스쿨에 쉽게 입학을 하거나 손쉽게 교수가 되고, 재벌의 자식은 남들 다 가는 군대도 가지 않고 젊은 나이에 계열사들을 거느린 사장이 되는 식이다. 이런 사회에서 '노력'은 과연 얼마의 가치를 지닐 수 있을까. 노력을 해서 뭔가를 얻을 수 있었던 시기는 이미 지났다. 일자리는 넘치는데 인재는 모자라던 1980년대, 1990년대 초반까지, 청년들은 조금만 노력해도 좋은 직장을 가질 수 있었다. 요즘 청년의 노력은 결코 부족하지 않다. 그동안 기업에서 요구하는 스펙은 터무니없이 늘어났고 일자리는 오히려 줄어들었다. 대학 등록금과 어학시험 점수, 해외연수 등 스펙을 쌓기 위한 비용을 엄청나게 들이고도 사회에 나가 받는 월급은 청년의 부모가 청년이었을 때 받던 것과 대동소이하다. 부동산 가격 상승률 등을 고려하면 과거보다 말도 안 되게 적은 돈을 받게 되는 것이다. 따라서 고성장 시대에 20대를 보내며 상대적으로 쉽게 기회를 얻은 4, 50대 직장인들이 지금 청년들에게 노력이 부족하다고 말하는 것은 대단히 부당한 일이다. 1990년대 중반만 하더라도 대학의 학과 사무실에는 기업들의 원서가 쌓여 있었다. 올해로 44세인 내가 아는 사람들 중에도 대학 생활 중에 술 먹고 노느라 학사경고를 몇 번씩 받고도 대기업에 들어간 이들이 꽤 된다.

그러나 요즘 대학생들은 대학의 낭만은커녕 입학과 동시에 취업 전선에 뛰어든다고 해도 과언이 아니다. 1학년부터 성적, 공인 영어시험 점수, 어학연수, 봉사활동 등 스펙관리에 몸이 서너 개라도 부족할 지경이다. 학자금 대출이라도 받았다면 알바 때문에 그 노력의 정도는 제곱, 세제곱이 된다. 그리고 그렇게 어렵게 들어간 직장은 비정규직이 태반이다. 88만 원 세대니 N포 세대니 하는 말을 들어 보았을 것이다. 요즘 청년들은 대학에 입학한 뒤 4년 동안을 성적과 스펙관리에 매달려야 졸업 후 월급 88만 원을 받는다는 것이다. 그 돈으로 미래를 꿈꿀 수 있을까? 그래서 나타난 것이 N포 세대다. 연애, 결혼, 출산을 포기한 3포, 3포에 인간관계와 내 집마련을 포기한 5포, 5포에 더해 꿈과 희망을 포기한 7포, 거기에 건강과 학업마저 포기한 9포. 이들이 포기한 것은 미래다. 이들이 포기하게 된 이유는 노력의 의미가 사라졌기 때문이고 희망이 없기 때문이다.

흙수저의 핵심은 절망인 것이다. 청년들이 스스로를 흙수저라고 부른다는 것은 노력해도 나아지지 않는 현실을 받아들이기 시작했다는 의미다. 더 나아가 그 이유가 자기 자신에게 있다는 것이 흙수저의 심리다. 이렇게밖에 못 사는 것은 내가 금수저가 아닌 흙수저로 태어났기 때문이라는 것이다.

대개 사람들은 내게 일어난 부정적 사건의 원인을 바깥에서 찾는다. 내 잘못으로 나쁜 일이 벌어졌다는 것을 받아들이기가 힘든 것이다. 이는 자기고양편향이라 불리는 기본적 인지경향성이다. 그래야 자존감self-esteem을 유지할 수 있기 때문이다. 그러나 아주 드물게 내 탓을 해야 그나마 자존감이 지켜지는 상황이 있다. 내가 겪은 일이 매우 부정적이고 남이나 상황 탓을 해 봐야 소용이 없는 경우다. 이런 경우에 경험하는 감정을 한국문화에서는 '한恨'이라 한다.

문화심리학의 연구에 따르면 한恨은 자신이 당한 인정할 수 없는 피해에서 발생하는데, 사람들은 처음에는 자신에게 피해를 입힌 대상이나 상황을 원망하지만, 상황이 바뀌지 않으면 그 원망은 자신을 향하게 된다.[11] 힘겹게 하루하루를 살아 내야 하는 입장에서 해결되지 않는 분노와 원망의 감정을 그대로 갖고 사는 것이 쉬운 일이 아니기 때문이다. 일이 이렇게 된 것이 내 탓이라고 생각하는 게 그나마 견딜 만한 것이다. 따라서 한恨은 자신이 겪은 부정적인 사건의 원인이 결국 자기에게 있다고 인정해 버림으로써, 도저히 받아들일 수 없는 상황에 상실했던 통제력을 되찾으려 하

甲
인사기록부
인턴
학자금 대출

는 매우 처절한 방식의 자존감 관리방법이다.

사람들은 자신의 주변에서 일어나는 일들에 대한 통제감을 가지려는 욕구need for control가 있다. 통제감의 욕구는 자존감과 정신건강에도 매우 중요한 영향을 미치는데, 통제감을 가지기 힘든 경우에도 착각적 인지과정을 통해서라도 통제력을 확보하려 노력할 정도다. 한국문화에서 한恨이 수행해 온 기능은 이런 것이다.

이런 관점에서, 흙수저 계급론은 이 시대 청년들의 한恨이라 할 수 있다. 청년들은 아무리 노력해도 극복할 수 없고 아무리 이해하려 해도 받아들여지지 않는 현실 앞에서, 자신이 불행한 이유를 스스로에게서 찾음으로써 그들에게 주어진 현실을 받아들이는 중이라는 뜻이다. 최근 유행하는 말 중에 탕진잼이란 말이 있다. 학자금 대출 갚으랴 생활비 벌랴 빠듯한 자금 사정이지만 쓸 수 있는 돈은 다 써서(탕진) 재미(잼)를 찾겠다는 말이다. 한 달에 10만 원도 안 되는 돈으로 살면서 한 잔에 6, 7천 원 하는 커피를 마신다든지, 인형 뽑기에 만 원 가까이 써 버린다든지 하면서 청년들은 현실에 조금씩 익숙해져 가고 있다. 이것은 대단히 부정적인 징후다. 미래를 포기하면 상황을 바꾸려는 노력 대신 현실에 침잠하게 된다.

이러한 현실에 있는 청년들이 보는 4, 50대 남성은 어떤 존재일까? 개저씨가 혐오의 대상으로 떠오르면서 사실 아저씨들은 많이들 억울해 했다. 직장에서의 역할, 가장으로서의 부담감, 가족으로

부터의 소외 등등 아저씨들도 할 말이 없는 것은 아니기 때문이다. 그러나 아저씨들의 그런 억울함에 대해 청년들은 더욱 더 큰 혐오를 드러냈다. 자기들이 미움받을 짓을 해놓고 어디서 감성팔이를 하냐는 것이다. 그러던 중, 어떤 글에서 그들의 개저씨에 대한 혐오가 어디에서 비롯되는지 짐작할 수 있는 단서를 찾을 수 있었다. 무려 8가지 항목에 걸쳐 조목조목 개저씨들을 비난하고 있는 그 글은, 추호도 개저씨를 동정할 필요가 없다면서 개저씨란 '가정에서나 사회에서나 제일 많이 심하게 민폐 끼치는 기득권인데…'라는 말로 끝나고 있다. 그 글에서 내 눈을 사로잡은 것은 민폐보다도 기득권이라는 단어였다. 그 말로부터 나는 비로소 청년들이 개저씨들에게 보이는 태도를 이해할 수 있었다. 개저씨는 청년들이 갖지 못한 모든 것을 가진 존재다. 개저씨들은 내가 그토록 갖고 싶었으나 끝내 가질 수 없는, 그리고 없을 것들, 직장, 직위, 돈, 집, 차, 가족, 아이 등등을 가지고 있다. 자기들은 그렇게 갖고 있으면서 내가 가지려는 것은 방해하는 이들. 뿐만 아니라 내가 갖지 못하는 것이 나의 노력이 부족하기 때문이라고 비난하는 이들. 개저씨라는 말에는 청년들의 원망과 분노가 켜켜이 쌓여 있다.

좌절된 욕망, 가진 자들에 대한 부러움과 분노는 엄습해 오는 정체 모를 두려움을 만나 혐오로 폭발한다. 그들이 가진 것을 나는 끝내 갖지 못할 것이라는 두려움. 이것이 개저씨 혐오의 실체다.

# 개저씨 혐오의 의미, 부친살해라는 모티프

개저씨 혐오는 단지 아저씨들의 공공질서나 성차별적 인식에 대한 불만의 표출이 아니라, 우리 사회의 갑인 아버지 세대에 대해 영원한 을일 수밖에 없던 자식 세대의 반란이다. 진화적으로 볼 때 부모자식 간에는 원래 갈등이 있을 수밖에 없다.[12] 부모와 자식은 대개 자원의 배분을 두고 의견이 엇갈리는데 보통 자식이 더 많은 자원을 원하는 양상을 보인다. 아무래도 살아가야 할 날도 더 많고 해야 할 일도 더 많기 때문일 것이다. 부모가 가진 것을 차지하려는 자식의 투쟁은 세계 많은 지역의 신화, 문학, 예술에서 부친살해라는 모티프로 나타난다. 가장 잘 알려진 것이 바로 오이디푸스 신화일 것이다. 아버지를 죽이고 어머니와 결혼하는 웬만한 막장드라마 뺨치는 이야기

말이다. 물론 부친살해는 은유다. 현실에서 아버지를 죽이는 행위는 존속살해에 해당하며 가장 무거운 형량이 선고되는 범죄로 취급된다. 신화에서조차 오이디푸스도 자신의 죄를 깨달은 뒤 스스로 두 눈을 뽑고 평생을 방랑함으로 죄값을 치르지 않았던가.

그러나 상징적으로 보자면 부친살해는 과거, 혹은 지난 세계와의 단절과 새로운 세계의 시작을 나타내며, 동시에 새로운 세계를 건설할 창조의 주체가 필연적으로 거쳐야 하는 과정을 의미한다. 올림푸스 신들의 우두머리 제우스가 아버지 크로노스를 죽이고 자신의 세계를 연 것은 부친살해의 의미를 단적으로 보여 준다. 부친살해는 자식이 주체로서의 정체성을 확립하는 데 반드시 필요한 과정이다. 아이는 아버지를 죽임으로써 주체로서의 삶에 한 걸음 다가간다.[13] 아이는 자신의 욕구를 인식하고 이를 적절한 방법으로 충족할 수 있는 주체가 되기 이전의 상태다. 아버지는 아이의 욕구를 규정하고 통제하는 사회의 기존 질서를 의미하는데, 아이는 이 아버지의 존재를 극복해야 자신의 의지로 세상을 살아갈 수 있게 된다.

개저씨에 대한 청년들의 혐오는 우리 사회 기득권인 아저씨(아버지와 같은 항렬)들을 향한다는 점에서 부친살해의 동기에서 비롯된 것으로 볼 수 있다. 반란은 시작되었다. 대한민국의 청년들은 과연 개저씨들을 죽이고 자신들의 세계를 열 수 있을 것인가.

전망은 밝지 않다. 부친살해가 전 세계적으로 발견되는 모티프임에도 불구하고 한국문화에서는 부친살해의 서사를 좀처럼 볼 수 없다.[14] 한국에서는 역사적으로 자식들이 아버지를 극복한 사례가 극히 드물거나 혹은 권장되는 문제 해결방식이 아니라는 것이다. 문학박사 김영희에 따르면, 한국의 전설, 설화, 민담에는 부친살해가 아니라 자식살해라는 모티프가 나타난다. 흉년에 부모를 봉양하기 위해 자식을 죽이거나(「손순매아」, 「동자삼」 등) 현재의 질서를 뒤엎을 영웅이 태어나면 부모와 동네 사람들이 후환을 막기 위해 아이를 죽이는(아기장수 설화) 등이다.

한국문화에서 발견되는 자식살해의 서사는 아버지로 표상되는 기존 질서에 대한 순종과 헌신을 의미한다. 자식의 요구에 대한 아버지들의 답은 오랫동안 순종과 헌신이었던 것이다. 효孝를 으뜸 가치로 쳤던 한국의 역사에서 부친살해는 상상할 수조차 없는 패륜으로 받아들여졌다. 그리고 자식살해는 21세기가 된 지금도 청년 세대의 희생을 강요하는 열정페이나 노오력 타령 등으로 반복되고 있다.

'아프니까 청춘이다'는 말은 청춘이 겪는 온갖 부조리와 아픔을 젊음이라는 이유로 감내해야 한다는 주장으로 전형적인 자식살해의 논리다. 아프니까 청춘이라는 기성세대에 대한 항변으로, 작가 겸 방송인 유병재의 유명한 말이 있다. "아프면 환자지 무슨 청춘이냐?" 그는 열정페이에 대해서도 다음과 같이 꼬집는다. "젊음은 돈 주고 살 수 없어도 젊은이는 헐값에 살 수 있다고 믿는 모양이다." 이러한 말들이 많은 젊은이들 사이에서 회자되는 것은 현재 한국사회의 기성세대와 청년들의 갈등을 반영한다.

과거의 아버지들이 자식들의 순종을 이끌어 낼 수 있었던 것은 '참고 따라라. 그러면 지금 내가 누리고 있는 것이 언젠가는 네 것이 될 것이다'는 메시지다. 노부모를 위해 자식을 죽인 아들은 복을 받는다. 부모를 봉양하기 위해 자식을 생매장하던 손순은 땅을 파다가 돌로 된 종을 캐내고 이 사실이 세상에 알려져 나라로부터 큰 상을 받았고, 굶주린 부모를 위해 자식을 삶았던 부부가 솥뚜껑을 열었을 때 발견한 것은 어린아이 크기만 한 산삼이었다. 세상을 바꿀 아기장수를 죽인 부모와 동네 사람들은 역적의 부모, 역적의 동네가 될 위험에서 벗어난다.

이런 자식살해의 모티프는 한국문화 안에서 흔하게 발견된다. 대표적인 것이 사회적 이슈가 있을 때마다 들려오는 "○○○ 때문에 경제가 어렵다", "○○도 중요하지만 안보가 우선이다", "너만 가만히 있으면 아무 문제 없다" 따위의 이야기들이다. 한국이 더 나은 사회로 나아갈 수 있었던 많은 기회들은 기존 질서의 유지라는 명목 하에 사라져 갔다.

즉, 한국사회는 현실의 안위를 위해 미래의 가능성을 희생하는 방식으로 지속해 온 것이다. 이것이 자식살해의 본질이다. 물론 현실의 안위도 중요하다. 현실의 안위가 있어야 미래도 가능한 법이므로. 하지만 현실의 안위만을 강조하는 문화에서 이득을 보는 것은 이미 가진 자들뿐이다. 가지지 못했거나 가질 기회를 박탈당한 이들은 언제나 제한된 세상을 살아갈 수밖에 없다.

그러나 부친살해는 쉬운 일이 아니다. 현실은 아버지들의 세계다. 아버지들은(아저씨는 아버지의 형제다) 현재의 세상을 구축했고 그 법칙을 지배하고 있다. 자식들과 아버지들의 힘 차이는 이제 막 제다이가 된 루크 스카이워커와 제국군 총사령관 다스 베이더의 차이만큼이나 크다. 그리고 모든 것을 가진 아버지는 자식에게 내 편이 되어 세상을 지배하자고 말한다. 그 제안을 거절했을 때 기다리는 것은 죽음뿐이다. 부친살해의 스토리가 신화나 전설로만 전해 오는 데도 이유는 있을 것이다.

자식들의 반란은 대개 기성세대에 대한 항복으로 마무리된다. 프로이트에 따르면, 아이들이 4-6세경에 겪게 되는 오이디푸스 콤플렉스는 동성부모에 대한 동일시로 갈무리된다. 아들의 엄마에 대한 사랑은 도저히 극복할 수 없는 아버지의 존재로 좌절된다. 엄마에 대한 마음을 들키기라도 하면 아버지가 자신의 고추를 자를지 모른다는 공포에 사로잡히게 되는 것이다. 절박한 존재의 위기 속에서 아들은 아버지를 흉내 내어 내가 아버지 편이라는 사실을 드러냄으로써 공포(거세불안)에서 벗어나고자 한다. 이것이 동일시라는 방어기제다.

그러나 부친살해에는 단지 아버지가 가진 것을 차지하겠다는 것 외에도 중요한 욕구가 있다. 그것은 바로 자기정체성의 확립과 실존에 대한 욕구다. 아버지를 죽이는 것은 위험부담이 너무나 큰 반면, 아버지의 말에 따르는 것은 상대적으로 쉽다. 더구나 부와 명예까지 보장된다면 누가 굳이 아버지를 살해하려 하겠는가. 자식들이 이 모든 것을 무릅쓰고도 아버지를 극복하려 하는 것은 스스로 판단하는 주체로 살아가기 위해서다.

라캉은 아이가 부친살해를 실행하지 못하면 아버지의 포로가 되어 별로 바람직하지 않고 생산적이지도 않은 일들에 집착하게 된다고 하였다.[15] 자기를 잃어버린 채 (아버지의) 대의명분에 집착하거나, 관습과 권력(아버지)에 순종하느라 스스로의 생명과 삶을 파괴로 몰아넣는 등의 일이 그것이다. 아버지로 표상되는 법과 질서에 맹목적으로 순응하면서 자신의 개별적 가치를 지켜 내기 위한 노력을 포기한다면, 그 삶을 자신의 것이라 말할 수 있을까. 전체주의의 망령이 휩쓸고 간 2차 세계대전 후의 유럽에서 실존주의 철학이 꽃핀 것은 우연이 아니다. 아버지들의 전쟁에서 의미 없는 피를 흘려야 했던 아들들이 자신의 진정한 삶에 눈을 돌리게 된 것이다.

지금 우리 사회에 나타나고 있는 개저씨 혐오는 더 이상 아버지들에게 순종하지 않겠다는 자식들의 외침이다. 이러한 반란이 시작된 배경에는 '참고 따랐지만 얻어지는 게 없다'는 깨달음이 있다. 언제부터인가 아버지들의 가르침은 더 이상 통용되지 않게 되었다. 아버지의 가르침에 따라 살아왔지만 남는 것은 88만 원 세대라는 이름과 갈수록 불평등해지는 사회뿐이다. 아버지들이 당연하게 누렸던 집, 결혼, 가족 등은 더 이상 자식들에게 보장된 미래가 아니다.

이제 자식들은 아버지들의 삶에서 벗어나 자신의 세상을 열어야 한다. 자식들의 반란이 성공할 것인지의 여부는 부친살해 대신 자식살해가 일반적이었던 한국문화에서 매우 중요한 의미를 갖는다. 그러나 자식들의 마음은 혼란스러울 수밖에 없다. 내가 갖지 못한 것을 가진 아버지에 대한 분노의 한켠에는 나도 아버지처럼 되고 싶다는 욕망이 함께 한다. 아버지처럼 되고 싶지만 그럴 수 없는 현실은 자식들에게 두려움과 불안으로 다가온다. 노력에 노력을 기울여도 도달할 수 없는 아버지라는 존재는 그렇게 부러움과 두려움을 넘어 증오의 대상이 된 것이다.

현재, 상상할 수 있는 모든 대상을 향해 펼쳐져 나가는 청년들의 혐오는 자신들의 존재를 확인하고픈 욕망과도 관련이 있다. 자신들의 정체성을 찾고 스스로 존재하겠다는 것이다. 이는 분명 바람직한 일이다. 그러나 이 에너지가 혐오로 그쳐서는 안 된다.

# 혐오를 넘어서

청년들은 개저씨에 대한 혐오를 통해 기성세대에 문제를 제기하는 데까지는 성공했다. 중요한 것은 그다음부터다. 기성세대에 대한 청년들의 감정이 혐오에 그쳐서는 안 되는 이유는 혐오라는 감정의 본질 때문이다. 혐오의 핵심은 저것들로부터 자신이 오염될 것이라는 생각이다. 혐오의 감정은 자신을 오염시킬 수 있는 것들에 대한 거부를 나타낸다. 따라서 혐오 반응은 일차적으로 생존과 관련된 메커니즘에서 비롯되지만 사회적으로 광범위하게 공유될 수도 있다.

혐오는 교육의 강력한 전달 수단이기도 하다. 혐오와 혐오 대상에 관한 교육을 통해 사회는 구성원들에게 특정 태도를 강하게 전달한다.[16] 기독교계에서 고수하고 있는 강한 동성애 혐오 같은 것이 그 대표적인 예다. 역사상 존재한 모든 문화와 사회는 혐오와 같은 강한 감정을 통해 인간의 동물성이 드러나는 경계를 단속해 온 것이 사실이다. 이러한 단속 과정은 한 집단을 다른 집단과 구분짓고 집단 내의 연대감을 높이는 데 유용한 역할을 한다. 개저씨에 대한, 그리고 상상할 수 있는 모든 대상을 향한 청년들의 혐오는 그들과 자신들을 구분짓고 청년 집단의 연대감을 높이는 데 일정 정도의 역할을 하고 있는 것으로 보인다.

그러나 혐오로는 개저씨들을 물리치고 새 시대를 열 수 없다. 혐오는 도피와 방기로 이어지기 쉽기 때문이다.[17] 혐오는 본질적으로 생존반응이다. 더럽거나 썩은 음식을 보면 피하는 것처럼 사람들은 혐오하는 대상으로부터 멀어지려고 할 뿐이다. 그렇다면 개저씨를 혐오하는 것으로 이룰 수 있는 것은 무엇인가? 청년들이 개저씨들을 따돌려 봐야 그들이 이 사회의 기득권이라는 사실은 변하지 않는다. 물론 개저씨들은 개인적으로 외롭고 쓸쓸해 하겠지만 그 정도가 전부다. 따돌리는 게 아니라면 개저씨들을 격리수용이라도 할 것인가? 일종의 게토(2차대전 당시 유태인 격리구역)를 만들어 개저씨들을 가둬 놓고 그 밖으로 못 나오도록? 상상하는 것만으로도 즐거울지 모르지만 이거 어디서 많이 듣던 레퍼토리가 아닌가.

어떤 이들이 마음에 들지 않는다고 특별 구역에 격리시키거나 감옥에 집어넣는 것은 2차대전 때의 히틀러나 1970-1980년 군사독재 시대의 문제해결 방식이다. 그리고 우리 사회에서 개저씨들의 영향력을 고려해 보면 그런 시도를 해 봤자 특별 구역에 격리되는 것은 개저씨가 아니라 청년들이 될 가능성이 크다. 더구나 지난 역사로부터 인류가 무엇인가를 배웠다면 이런 식의 해결은 옳지 않다. 우리가 만들어 가야 할 새로운 세상은 히틀러의 제3제국이나 군사독재 시절의 그것보다는 한걸음 나아간 것이어야 한다. 그렇다면 어떻게 해야 할까.

마사 너스바움은 저항과 건설적 참여를 이끄는 감정으로 분노를 꼽았다.[18] 오염에 대한 거부감이 중심인 혐오와는 달리 분노는 위해에 대한 사고가 중심을 이룬다. 특히 부당한 일이 행해졌다는 생각, 그 일이 자신에게 위해 또는 손상을 입혔다는 인식은 쉽게 분노로 이어진다. 혐오가 회피로 이어진다면 분노는 저항을 부른다. 개저씨는 피해야 할 대상이 아니라 싸워야 할 대상인 것이다. 청년들은 묵묵히 개저씨들의 갑질을 받아 낼 것이 아니라 분노로 문제제기를 하고 부당한 상황을 바꿔 나가는 데 그들의 에너지를 써야 한다.

그러나 이 중요한 싸움에 앞서 중요하게 짚고 넘어가야 할 것이 있다. 바로 싸워야 할 대상을 명확히 하는 것이다. 분노가 향할 곳이 분명하지 않다면 엉뚱한 곳을 공격하게 된다. 내 다리가 가려운데 남의 다리를 긁는다면 아무리 세게 긁어 봐야 내 다리는 시원해지지 않고 애꿎은 남의 다리에서 피만 나기 마련이다. 최근 몇 년간 개저씨가 화제가 되면서 개저씨에 대한 혐오가 향하고 있는 곳은 불특정 다수의 아저씨들, 그리고 일반화된 남성(한국남자) 전체다. 이들의 반응을 보면 모든 아저씨는 개저씨고 나아가 모든 한국남자를 잠재적 개저씨로 간주한다. 이 분류에 의하면 어린 남성은 곧 개저씨가 될 것이고 나이 든 남성은 늙은 개저씨일 뿐이다.

화제가 되었던 코리아 엑스포제 구세웅 대표의 '개저씨 머스트다이'나 사회학자 오찬호의 『그 남자는 왜 이상해졌을까?』를 비롯, 개저씨 현상에 대한 대다수의 분석들은 개저씨를 남성 자체의 문제로 보고 있다. 이러한 분석들은 유교적 가부장 문화에서 비롯된 성 역할 고정관념과 군대문화 등 문화의 문제를 언급하고 있으나 그 문화의 부정적 측면을 드러내는 것을 오직 남성들로 이해한다는 한계를 지닌다.

물론 개저씨들은 모두 남성이다. 하지만 개저씨 현상의 본질인 '지위를 바탕으로 한 부당한 권력의 행사(갑질)'는 문화의 문제다. 그리고 문화의 영향을 받는 것이 남성뿐만이 아니다. 문화는 문화 구성원 모두에게 내재화된다. 어떤 문화가 부정적이라면 그 부정적인 측면조차 구성원 모두에게 반영될 수밖에 없고 그것을 극복해야 한다면, 그 책임 또한 문화 구성원 모두에게 있는 것이다. 개저씨들의 폐해를 가져온 것이 남성중심의 문화라 해서 남성만 그

혜택을 온전히 누렸고 그렇기 때문에 그 부작용 또한 온전히 남성이 책임져야 한다는 인식은 옳지 않다. 내가 남성이기 때문에 남성들을 대변하려는 것이 아니다. 문제를 해결하고자 한다면 문제의 원인을 바로 짚어야 한다는 것이다.

개저씨 현상의 원인을 남성에게 돌리는 것은 문화 현상을 이해하는 과정에서 흔히 나타나는 오류다. 문화의 유형과 개인차를 혼동하는 것이다. 한 문화는 개개인에게 내면화되는 과정에서 그 문화의 특성을 잘 요약하는 유형을 만들어 낸다.[19] 예를 들면, 한국은 예부터 효를 강조해 왔고 그 결과 효를 내면화하고 효를 행하려고 동기화된 인간형(유형)을 만들었다. 이것은 문화의 차원이다. 그러나 효를 내면화했다고 해서 한국인 모두가 효자인 것은 아니다.

효를 내면화하는 정도는 개인의 교육정도와 부모와의 관계, 타고난 본성, 지향하는 가치 등에 따라 다를 수밖에 없다. 이것이 개인 차의 문제다. 문화 내에서 어떤 유형의 인간형이 존재한다는 것과 그 문화의 모두가 그런 인간이라는 것은 전혀 다른 이야기다. 개저씨 현상도 이러한 관점에서 이해해야 한다. 한국의 남성중심적 문화는 개저씨라는 인간유형을 만들었고 이는 부정할 수 없는 사실이다. 그러나 방금 설명한 이유로 모든 아저씨가 개저씨인 것은 아닌 것이다. 개저씨의 문제가 개저씨들에게만 있다면 그 해결책은 개저씨들이 모두 죽는 길밖에 없다. 과연 개저씨들이 모두 사라지면 문제가 해결될까? 개저씨들이 모두 죽어 없어져도 개저씨들을 만들어 낸 문화가 그대로라면 또 다른 개저씨들이 등장할 것이라는 점은 뻔한 일이다.

따라서 개저씨 현상은 청년 vs 기성세대, 혹은 남성 vs 여성의 문제가 아닌, 문화의 문제다. 이분법적인 시각이 아니라 통합적인 시각에서, 공시적 관점이 아니라 통시적 관점에서 보아야 한다. 청년은 중년이 된다. 소년은 아저씨가 될 것이고 그중에 개저씨도 나올 것이다. 여성도 문화에서 벗어날 수는 없다. 가부장문화, 군대문화라고 하니 지극히 남성적인 문화인 것 같지만 가부장문화와 군대문화의 본질은 곧 권위주의 문화다. 그리고 관점을 돌려보면 여성이나 청년들도 권위주의 문화에서 자유롭다고 할 수 없다. 한국에 권위주의적 문화가 존재하는 한 개저씨의 여성 버전과 청소년 버전도 얼마든지 있을 수 있다는 것이다.

또한 개저씨는 나와 전혀 관계없는 누군가가 아니다. 저 개저씨는 누군가의 아버지고 이 개저씨는 누군가의 남편이다. 어떤 이들을 나와 관계없다고 생각하고 그들을 대상화할수록 편견은 강화되고 태도는 악화되는 법이다. 문제가 된다고 생각되는 누군가를 따로 떼어 놓고 증오할수록 문제에 대한 이해와 해결은 점점 어려워지고 종국에는 만인의, 만인에 의한, 만인에 대한 혐오만이 사회를 뒤덮을 것이다.

# 왜 아저씨인가

개저씨 현상은 결국 문화의 문제다. 문화가 바뀌어야 개저씨들이 더 이상 나타나지 않고, 청년들은 원하는 것을 얻을 수 있을 것이다. 그러면 문화는 어떻게 바꿀 수 있을까. 문화란 한 사회의 유지와 구성원들의 생존이라는 목적에 최적화된 것이다.[20] 그리고 교육을 통해 세대에서 세대로 이어져 내려왔다. 따라서 단기간에 인위적으로 문화를 바꾸는 것은 불가능에 가깝다.

대표적인 예로 한국의 음주문화를 들어 보자. 한국인들은 술을 많이 마신다. 주취폭력, 음주운전 등의 사회문제는 물론 알코올중독, 위장병, 간암 등의 건강문제 등 음주로 발생하는 사회적 비용이 천문학적 액수에 달한다. 또한 술자리는 대표적으로 개저씨들의 갑질이 발생하는 곳이기도 하다. 그러나 한국의 음주문화는 좀처럼 바뀌지 않고 있다. 음주문화를 개선하기 위한 각종 캠페인과 운동이 수십 년째 계속되고 있지만 한국의 술 소비량은 여전히 세계 1, 2위를 다툰다. 그리고 이러한 한국인들의 음주문화는 하루 이틀 일이 아니다. 중국측 기록인 「삼국지 위지 동이전」에 보면 동이(부여, 고구려, 마한 지역)사람들은 며칠 동안 밤새워 놀면서 음주가무 하길 좋아한다고 하였다. 한국의 음주문화는 적어도 2천 년 동안 이어져 내려온 셈이다.

하지만 문화가 전혀 변하지 않는 것은 아니다. 음주문화처럼 좀처럼 변하지 않는 문화도 있지만 지금은 사라진 문화도 많이 있다. 80년대만 하더라도 일반적이던 약혼식은 이제는 거의 아무도 하지 않고, 신방 엿보기 같은 풍습은 민속박물관에서나 볼 수 있게 되었다.

과연 어떤 문화는 오래 지속되고 어떤 문화는 금방 사라지는 것일까? 문화가 어떻게 변화하는지 이해할 수 있다면 원하는 방향으로 문화를 바꾸어 나가는 것도 가능할 것이다. 문화에 대한 가장 심리학적인 정의는 문화는 욕구와 욕구충족의 체계라는 것이다.[21] 이 정의를 따르자면, 문화 변화의 키워드는 욕구다. 다시 말해, 사람들의 욕구가 변화하면 문화는 변화할 수 있다는 것이다. 유교는 더 이상 우리 사회의 지배적 문화가 아니지만 갑질, 꼰대, 나이 중시의 문화는 여전히 남아 있다. 이는 유교의 영향력이라기보다는 남들에게 영향력을 미치고 싶어하는 한국인들의 욕구와 관계 있는 현상일 것이다.

음주문화가 2천 년 넘는 시간 동안 지속돼 왔다는 사실은 한국인들이 음주라는 행위를 통해 충족하고 있는 욕구가 그만큼 크다는 것을 의미한다. 한국인들에게 술을 마신다는 것은 단지 알코올을 섭취하는 것 이상이라는 뜻이다. 반면, 사람들의 욕구가 달라지면 이전의 문화는 사라지거나 변화한다. 예를 들어, 현재의 젊은이들은 예전처럼 결혼을 중요하게 생각하지 않는다. 경제적인 문제도 있겠지만, 그 이전에 가문이나 핏줄 등 집단적 가치보다 개인의 삶에 우선순위를 두는 쪽으로 사람들의 욕구가 바뀌었기 때문이다. 급격히 늘고 있는 1인 가구와 그에 따른 혼밥, 혼술 문화 등은 이러한 욕구의 반영인 것이다.

즉, 문화는 구성원들의 요구에 의해 바뀐다. 개저씨 현상은 더 이상 사람들이 권위주의적 행위양식을 필요로 하지 않는다는 것을 의미한다. 그러나 문화가 하루아침에, 모든 사람에게서 바뀌는 것은 아니다. 문화는 오랜 시간에 걸쳐 개인에게 내면화되어 있는 것이다. 그리고 그 정도는 개개인의 경험과 동기에 따라 제각각이다. 남들은 필요하지 않아도 자신에게는 필요하다고 생각할 수도 있고, 다른 이들이 다 틀렸다고 해도 자신은 옳다고 믿을 수도 있다. 따라서 문화가 사회적 차원에서 변화하기 위해서는 구성원들의 합의가 있어야 한다. 그리고 어떤 문화가 이제는 필요 없다는 쪽으로 합의가 이루어진다면 구성원들은 이제 문화의 변화를 위한 노력을 기울여야 한다. 공부와 성찰 없이 구태를 무조건적으로 따르는 이들에게 세상이 바뀌었음을 지속적으로 알려 줘야 하고 옛 가치를 대체하는 새로운 가치를 세우고 새로운 문화가 정착하도록 애써야 한다. 이러한 노력은 한 사회의 구성원 전체의 책임이다.

그러나 문화를 바꾸는 데 있어 보다 중요한 역할을 해야 하는 이들이 있다. 바로 바꿔야 할 문화적 현상의 중심에 있는 이들로, 개저씨 현상의 경우에는 바로 아저씨들이다. 첫째, 아저씨들은 개저씨 현상의 당사자들이기 때문이다. 개저씨는 한국의 권위주의적 문화에서 비롯된 부산물이지만 권위주의적 행위 양식은 특히 군대, 선후배, 조직문화 등 남성들이 주로 활동하는 집단에 더 많이 노출되어 있기 때문에, 남성들은 이러한 행위 양식을 은연중에 학습하고 당연시하기 쉽다.

많은 아저씨들이 나는 아니라고 생각하겠지만 우리 문화는 아저씨들이 언제든 개저씨로 변신할 소지를 갖추고 있다. 나이 든 남성들은 자존심을 지키거나 권위를 세워야 할 때, 남보다 우월하고 싶을 때, 힘들고 외로워 다른 사람의 인정이 필요할 때 등 다양한 상황에서 자연스럽게 개저씨의 행위양식을 취한다. 때로는 이

것이 너무 자연스러워 자신의 행동이 개저씨로 불릴 수 있다는 사실조차 인식하지 못하는 경우도 있다.

다른 사람들이 개저씨들에게 문제제기를 하고 갑질 등의 행위들을 멈춰 줄 것을 요구할 때, 가장 중요한 것은 개저씨들의 태도다. 다른 사람들이 자신에게 왜 그런 요구를 하는지 모른다면, 혹은 그런 요구를 하는 이들이 잘못되었다고 생각한다면 이 문화가 변화하는 데는 상당한 시간이 필요할 것이다. 하지만 개저씨들이 문제가 무엇인지를 인식하고 긍정적인 쪽으로 변화할 의지를 갖는다면 개저씨 현상은 의외로 빨리 바람직한 방향으로 전환될 수 있다.

아저씨들이 보다 노력해야 하는 두 번째 이유는 개저씨 현상의 또 한 측면, 부친살해에 있다. 앞서 말한 것처럼 개저씨 현상은 청년들의 아버지 세대에 대한 반란이다. 청년들이 없애고자 하는 것은 아버지와 그의 형제들(아저씨)로 상징되는 이 사회의 부당한 권위일 것이다. 우리 사회에서 가장 권위를 갖고 있고 이를 행사하는 이들은 바로 아저씨들이다. 아버지의 형제들인 아저씨들이 자신의 권위를 부당하게 사용하는 문화가 계속되는 한, 자식들의 앞날은 밝을 수 없다. 먹고 살기 위해서, 예전부터 해 왔던 것이니까, 그렇게 하는 게 더 이득이 되기 때문에 청년들이 그토록 아파하는 현실에 눈감는다면, 아저씨들은 자신도 모르는 사이에 아버지들의 자식살해에 동참하고 있는 것이다.

아저씨들은 자식들의 성공을 위해 야근과 휴일 근무를 마다하지 않으며 희생하고 있는 이 시대의 가장들이지만, 한편으로 그들이 고수하고 있는지 성공과 노력의 신화가 자식들의 미래를 어떻게 짓밟고 있는 깨달을 필요가 있다. 이 시점에서 아저씨들에게 요구되는 것은 지금 시작된 청년들의 반란을 돕는 것이다. 이 싸움은 매우 중요하지만 청년들의 힘만으로는 이길 수 없다. 청년들에게는 사회를 바꿀 실질적인 힘이 모자라기 때문이다. 옛날엔 청년들이 거리에서 돌을 던졌으니 지금은 너희가 그 자리에 서라는 것도 나이 든 사람의 일종의 갑질이다. 지금은 그때와 다르다. 싸움의 방식이 달라졌고, 그들이 싸워야 할 대상도 거리에 있지 않다.

아저씨들에게는 청년들로부터 시작된 변화를 마무리할 힘이 있다. 아저씨들은 각 분야에서 우리 사회를 실질적으로 이끌어 가는 위치에 있다. 이들이 어떤 방향으로든 마음을 먹고 행동하기 시작하면 그 파급력은 다른 어떤 사람들보다 클 것이다.

또 하나의 이유는 시대적 요구다. 『서드 에이지』의 저자 윌리엄 새들러는 21세기는 중장년의 시대가 될 것이라고 예언하였다.[22] 20세기는 인류의 문명이 가장 많이 팽창한, 개인의 삶에 비유하자면 청년기와 같은 시기였다. 그러나 21세기의 화두는 '지속가능성'이다. 20세기의 성장모델은 동력을 잃었고, 과거의 가치들은 더 이상 작동하지 않는다. 빠른 속도로 기술이 발달하고 환경이 바뀌고 있는 현재, 인류는 지금껏 만들고 키워 온 삶의 방식들을 어떻게 지속시킬 것이냐는 문제에 봉착했다. 21세기의 인류가 받아든 이 질문은 인생의 한 시점에서 중년이 받게 되는 문제들과 질적으로 동일하다. 현 시점에 사회의 중심축을 맡고 있는 아저씨들이 어떠한 생각을 갖고 어떠한 변화를 만들어 내느냐에 따라 미래는 달라질 것이다.

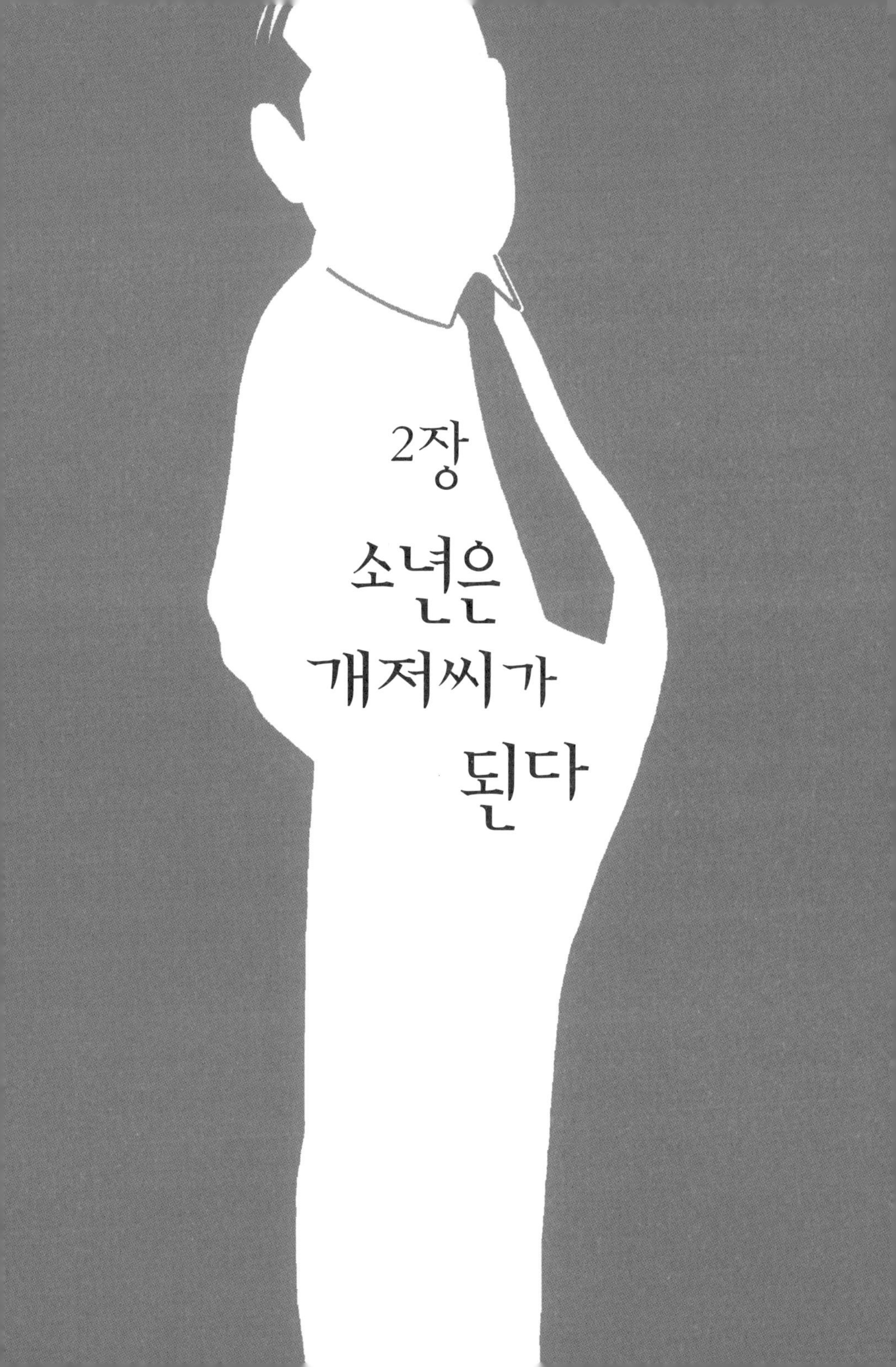

# 2장

# 소녀은 개저씨가 된다

# 개가 된 남자 이야기

한국의(그리고 역사상 존재했던 거의 대부분의 문화에서의) 전통적 성 역할 하에서 남자가 결혼하면 가장이라는 꼬리표가 붙는다. 가장의 무게는 결코 가볍지 않다. 결혼한 남자들에게 '처자식 굶기는 놈'이란 말 만큼 모욕은 없다. 돈을 벌어 가정을 지키는 사람. 이것이 가장의 역할이다. 성 역할의 구분이 빠른 속도로 줄어들고 있지만 아직까지 가장의 역할은 대개 남자에게 주어진 것이라 인식된다.

개는 오랫동안 인간의 충직한 동료였다. 개의 임무 중 하나가 집을 지키는 것이다. 집 지키는 개가 밖으로 나돌면 그 집엔 도둑이 드는 법이다. 가장들은 집을 지키기 위해 열심히 뛴다. 우리는 이렇게 열심히 뛰는 것을 개 발에 땀나게 뛴다고 한다. 누군가는 힘들면 쉬라고 할지 모른다. 누가 그렇게 땀나게 뛰랬느냐고. 멈춰 서서 자신을 좀 돌아보라고. 하지만 뛰지 않을 도리가 없다. 그 말한 분이 뉘신지 모르겠지만 헬조선에 사시는 분은 아닌 것이 틀림없다. 아니면 금수저이거나. 경기는 좋아질 줄 모르고 대내외에 악재가 끊이지 않는 상황에 일자리는 모자란데 누구 좋으라고 일을 쉬겠는가. 옛말에 개처럼 벌어 정승처럼 쓴다는 말이 있다지만, 대다수의 가장들은 개처럼 벌면 벌었지 정승처럼 쓸 날은 요원하다. 돈 들어갈 데가 많아서다. 집 대출금, 아이들 교육비, 부모님 용돈, 경조사비, 식비를 포함한 온갖 가지 유지비 등등.

직장을 다닌다는 것은 쉬운 일이 아니다. 남의 돈 벌기가 제일 어렵다고 하지 않던가. 윗사람 눈치도 봐야 하고 아랫사람들도 토닥여야 한다. 거래처의 갑질도 받아 내야 하고 고객과의 트러블도 대처해야 한다. 내 잘못이 아닌데 고개를 숙이고, 소위 개처럼 기어야 하는 아니꼽고 치사한 일이 한두 개가 아니지만 총각 때처럼 혈기로 사표를 던질 수도 없다. 가족이 있기 때문이다. 그렇다고 내가 진 짐이 무거우니 가족에게 나누어 짊어지자고 하는 것은 왠지 능력 없는 남자가 할 소리 같다. 물론 이것 역시 전통적 성 역할에서 온 생각이지만 나를 비롯한 4, 50대 이상 세대에서 이런 생각에서 자유로울 사람은 거의 없을 것이다. 힘들지만 내 몫이려니 하고 풍파를 견디고 있는 것이 이 시대의 가장들이다.

그런데 언제부턴가 가족이 멀게 느껴지기 시작한다. 머리가 굵어지고 난 다음일까. 애들이 아빠와 말을 안 한다. 무슨 말을 해도 어디서 개가 짖나 한다. 아빠가 언제부터 관심 있었다고 이러냐고 관심 끊으란다. 아빠가 번 돈으로 밥 먹고 학교 다녔으면서 그게 할 소리인가 싶다. 아내의 눈빛도 달라진 거 같다. 누구 남편은 연봉이 얼마라던데 당신은 몇 년째 이 모양이야. 소리내어 말은 안 하지만 눈치로 알 수 있다. '다른 일'에도 점점 자신이 없어진다. 이 집에서 나는 점점 없는 사람이 되어 가는 것 같다.

이사 가는 날에 남편들은 아내가 키우는 개를 안고 있으라는 말이 있다. 남편은 버리고 가도 개는 데려 가니 개 옆에 붙어 있으라는 뜻인데 이게 무슨 개소리인가. 억울한 마음이 울컥 솟는다. 그렇게 개처럼 지켰는데, 개처럼 뛰고 개처럼 기었는데 이제 와서 개만도 못한 취급이라니. 직장에서도 상황은 녹록지 않다. 위에서는 쪼고 밑에서는 치받는다. 술 한잔 하자니 강압적인 회식문화라고 난리들이고 이야기 좀 하쟀더니 다들 고개 숙이고 스마트폰이나 하고 앉았는데, 술 마신 김에 잔소리라도 할라치면 이젠 개저씨 소리까지 듣는다. 문득 토사구팽이라는 말이 떠오른다. 사냥이 끝나면 사냥개를 삶는다지? 내 사냥은 이제 끝난 건가? 더 이상 나를 필요로 하는 사람은 없는 걸까?

남자는 사는 게 참 개 같다고 생각한다.

# 소년은 그렇게 아저씨가 된다

소년들이 아저씨 소리를 듣기 시작하는 곳은 군대다. 아저씨는 다른 소속부대의 병사들을 부르는 말이다. 아무개 병장님, 아무개 상병님, 아무개 일병 등 엄격한 계급체계에 근거한 호칭은 자기가 직접적으로 소속된 부대(대개 중대급)에만 한정되는데 다른 부대 소속의 병사들은 서로를 '아저씨'로 부른다. 해서 여러 개의 중대가 함께 생활하는 대대급 이상의 부대에서는 '아저씨' 소리가 끊일 날이 없다. "아저씨, 여기 줄 선 거에요?" "아저씨, 담뱃불 좀 빌려 주세요." 등등 이때 아저씨 발음은 '아저씨'라기보다는 '아씨' 또는 '아이씨'에 가까운데 실제로 짜증이 80% 정도는 섞인 목소리로 발음해야 느낌이 산다. 군생활의 스트레스를 나와는 관계없는 다른 부대 아저씨에게 표출하려는 심리가 분명 있는 것 같다.

"아저이씨, 그걸 그렇게 하면 어떡해요~!" 엊그제까지 사회에 있던 20대 초반의 젊은이들에게 '아저씨'가 주는 어감은 낯설기만 하다. 나는 아직 이렇게 어린데 저 아저씨는 대체 누굴 보고 아저씨라는 걸까. 조금 전까지 학생, 총각, 청년 등으로 불리던 소년들은 그렇게 아저씨가 된다. 아저씨라는 호칭은 그들이 입은 군복만큼이나 획일적이다. 샤워실이나 PX에서 '아저씨!' 하고 부르면 수많은 까까머리들이 뒤를 돌아본다. 누가 누군지 구별할 필요도, 구별할 수도 없기에 아저씨인 것이다.

소년은 자신이 거대한 집단의 일원이 되었음을 실감한다. 사회에서 소년을 규정하던 모든 것들은 군대에서 의미를 잃는다. 군대는 새로운 역할과 임무를 부여하고 그 기준에 맞지 않는 이들을 가혹하게 자르고 깎아 낸다. 여행자들을 꾀어 자기의 침대에 눕히고 남는 부분은 잘라 내고 모자라면 잡아 늘렸다는 프로크루스테스처럼. 프로크루스테스와 군대의 차이는 군대에는 프로크루스테스가 아주 많다는 점, 그래서 침대들의 길이도 천차만별이라는 점 정도일까.

2년 가까운 시간 동안, 소년은 나를 잃고 집단의 기준에 나를 맞추는 것에 익숙해진다. 익숙해진다는 것은 무섭다. 한번 기존의 태도를 바꾸면 그 불편감을 해소하기 위해 새롭게 바꾼 태도를 열정적으로 정당화하게 된다. 페스틴저의 인지부조화 이론이다. 침을 튀기며 군대의 부조리함을 성토하던 이등병은 자기가 그토록 비판하던 고참의 모습을 닮아 가는 것쯤은 흔히 목격할 수 있다. "야, 요즘 애들 왜 이렇게 빠졌냐? 애들 교육 똑바로 안 시켜?" 1년쯤 전에는 자신을 공포로 몰아넣던 그 대사가 내 입에 붙을 때쯤에서야 앞이 보이지 않던 군생활의 끝이 찾아온다. 기껏해야 3박 4일 수학여행이나 다녀왔을 소년들에게 2년이라는 군생활은 아득히 길고 긴 시간이다.

군대에서 나온 소년, 아니 아저씨는 신입생 특히 여학생들에게 기피대상 1호라는 예비역 복학생이 된다. 아직 군대 물이 완전히 빠지지 않아 머리도 짧고 행동이나 말투에 어색함이 들어 있다. 친했던 여자 동기들은 졸업을 했거나 휴학해서 아는 사람이라곤 선배 형밖에 없다. 같이 몰려다니면서 술이나 마시거나 휴식시간에 같이 담배만 피워 대다가 금연구역이라며 학생회 임원에게 경고나 받는다. 그러다 후배 같은 사람만 보이면 사사건건 '내가 군대 있을 때는~'을 읊어 대며 군인도 아닌 그들에게 똥군기를 잡거나 부르지도 않은 학과 행사에 나타나서 새내기 여학생들의 주변을 어슬렁거리는. 엠티나 신입생 환영회 같은 행사에서는 자연스럽게 복학생들끼리 모이게 되는데(다들 피하기 때문에), 이때의 화제는 오직 군대이야기다. 군대이야기의 레퍼토리는 대개가 자기

자랑으로, 내가 얼마나 총을 잘 쐈는지, 얼마나 축구를 잘했는지, 내가 있던 부대가 얼마나 빡셌는지 등 꼬리에 꼬리를 문다. 운수 나쁘게도 옆자리에 잘못 앉은 후배들은 어색한 미소와 마음에도 없는 맞장구로 빨리 술자리가 끝나기만을 바랄 것이다. 사실 복학생들도 자신을 보는 다른 이들의 시선을 모르지 않는다. 자신들이 더 이상 이 공간에 어울리지 않음도 잘 안다. 그럴수록 그들은 그 자리를 떠나지 못한다. 어색하고 민망하지만 지금 일어서면 다시는 이곳에 돌아올 수 없을 것 같은 느낌. 그곳에는 그들이 예전에 잃어버린 젊은 시절의 자신이 있기 때문이다.

# 아저씨는
# 언제 처음 개가 되는가

## 개새끼

나는 개새끼로소이다

하늘을 보고 짖는

달을 보고 짖는

보잘것없는 나는

개새끼로소이다

높은 양반의 가랑이에서

뜨거운 것이 쏟아져 내가 목욕을 할 때

나도 그의 다리에다

뜨거운 줄기를 뿜어 대는

나는 개새끼로소이다

일제강점기의 아나키스트, 박열 열사의 시, 「개새끼」다. 일제강점기를 살아가는 한 사내의 뜨거운 존재 증명인 이 시에는 '개새끼'의 본질이 잘 묘사되어 있다. 높은 양반의 오줌으로 목욕을 하는 비천한 존재일지언정 개새끼는 결코 굴복하지 않는다. 개새끼가 양반에게 끝까지 오줌줄기를 뿜어 대는 이유는 그것이 자신의 존재를 증명할 마지막 방법이기 때문이다. 거친 욕설과 함께 날아오는 발길질로 끝나는 개새끼의 '개짓거리'는 그래서 더욱 처연하다.

아저씨는 언제 개가 되는 것일까. 아저씨가 된 소년에게 '개'가 붙기 시작하는 시점은 아마도 예비군 훈련을 시작하면서부터일 것이다. 멀쩡한 남자도 예비군복을 입으면 개가 된다는 말이 있다. 사회에서 아무리 있어 보이는 직장에 다니고 반듯한 이미지였더라도 군복만 입으면 남자들은 내면에 숨겨진 개를 꺼낸다. 풀어헤쳐진 상의, 거꾸로 쓴 모자, 잠기지 않는 허리띠, 양말 속으로 들어간 바지 등. 자유분방한 옷차림으로 대표되는 예비군의 상징은 무엇보다도 반항이다. 얼마 전, 하의에 넣어 입던 군복 상의를 빼입는 것으로 규정이 바뀌자 예비군들은 이렇게 말했다.

"그럼 이제 넣어 입어야겠군."

제발 빨리 좀 걸어 달라는, 또는 총 좀 땅에 끌지 말아 달라는 후배(조교)들의 말은 귓등으로도 듣지 않는 것은 물론 교관의 말에도 사사건건 대립하고 으르렁거린다. 그들이 말을 잘 들을 때는 오직 식사시간과 퇴소시간뿐이다. 예비군들이 이렇게 꼬장을 부리면 이를 보는 사람들은, 예비군 자신들을 포함해서, '개가 따로 없다'고 생각한다. 예비군들이 이러는 이유는 뭘까?

나는 1999년에 제대했는데, 처음 예비군 훈련을 갔을 때의 충격을 잊을 수 없다. 나를 비롯한 1년 차 예비군들이 바짝 쫄아 있는데 반해, 민무늬 군복을 입은 5-6년 차 예비군들은 모든 것을 귀찮아 했으며 조교들이 말을 걸 때마다 화를 냈다. 훈련 시간은 그들에게 그 어떤 의미도 없는 것 같았고 교관의 지시는 아무런 반응도 불러일으키지 못했으며, 훈련장 여기저기에 드러누워 잠자는 얼굴까지도 짜증으로 가득했다. 첫 예비군 훈련이었기에 삼선정렬은 물론 전투복 상의 단추를 목까지 곱게 채운 내 모습이 왠지 부끄러워, 몰래 상의 단추를 두 개쯤 풀고 바지의 고무링을 발목까지 내렸던 기억이 있다. 그러다가 내 모습이 그들처럼 되는 데는 오랜 시간이 걸리지 않았다. 예비군 2년 차가 되고 3년 차가 되면서 조교의 말은 귓등으로도 안 듣고 교관과 농담 따먹기를 하는 것은 물론, 언젠가는 퇴소식 때가 돼서야 모자를 거꾸로 쓰고 있었다는 사실을 깨달은 적도 있을 정도였다.

도합 8년의 예비군 기간을 거치면서 나 자신을 포함한 예비군들에게서 받은 인상은, 예비군들은 '개 짓'으로 요약되는 분노와 반항의 표출을 통해 온몸으로 군대의 권위와 맞서고 있다는 것이었다. 군필자들이 생각하는 군대의 의미는 무엇일까. 대학원 박사과정 시절, 학교의 예비역들에게 개방형 설문을 돌리고 응답들을 분석해 보았던 적이 있다.

예비역들이 생각하는 군대의 의미는 곧 상실이었다. 군대에 다녀와서 자신감도 생기고 여러 가지 사회적 기술도 늘었지만, '만약 군대를 가지 않았다면?'에 대한 질문에 절대 다수의 청년들은 '보다 의미 있는 것'을 했을 것이라고 답했다. 군에 다녀온 지금보다 훨씬 나은 상태가 되어 있을 거라는 것이다. 어쩔 수 없이 가는 군대였기 때문에 다녀왔고 그 안에서 나름 최선을 다했지만, 2년이라는 군생활은 군대가 아니었다면 가질 수 있었던 수많은 기회의 상실을 의미한다. 이것이 군대의 진정한 공포이리라.

대다수의 남자들이 군대에 다시 가는 꿈을 꾼다. 진정 두려운 것은 고참의 구타도, 끝없는 작업도 아니다. 땀을 흘리고 비명을 지르며 깨어날 만큼 예비군들을 공포에 빠뜨리는 것은 다시 군대에서 2년을 보내야 한다는 사실이다. 한국남자들에게 군대는 트라

우마로 남는다. 그러고 보면 군대 꿈은 전형적인 외상 후 스트레스 장애PTSD의 증상으로 보인다. 군생활 중에 경험하거나 목격한 죽음, 사고, 부조리, 폭력 앞에 병사들의 정신은 심각한 충격을 받는다. 더구나 할 수 있는 일이 아무것도 없다는 무력감과 아무도 도와줄 사람이 없다는 절망감 등은 이러한 충격을 한층 증폭시킨다. 그 결과, 외상적 사건은 반복적으로 기억에서 떠오르고 그때마다 그 일들을 직접 겪는 것 같은 불안과 공포에 휩싸이게 된다. PTSD 환자(예비역)들은 이러한 경험들이 다시 기억나는 것을 회피하려 갖은 노력을 기울인다.[23]

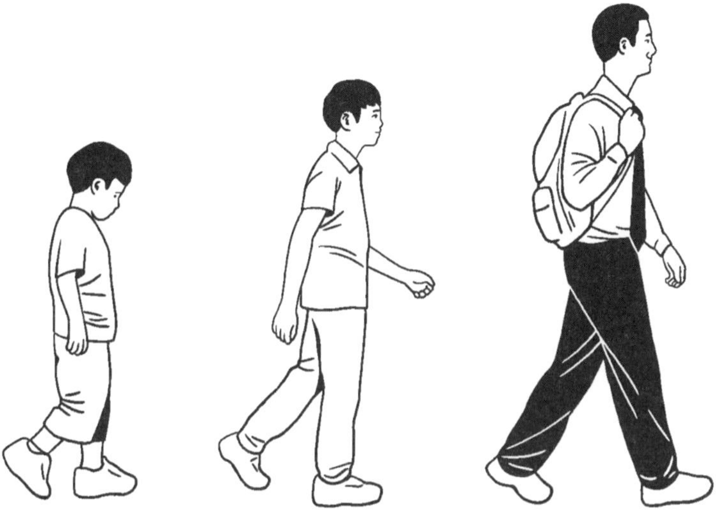

따라서 예비역들의 끊임없는 군대이야기는 외상의 기억이 떠오르는 것을 막고 분열된 자아를 통합하려는 노력으로 볼 수 있다. 이는 군대이야기의 레퍼토리들은 대개 긍정적인 것들로 채워져 있다는 점에서 짐작 가능하다. 누구나 한 번은 호날두가 된다는 군대스리가의 위엄, 20발 쏴서 21발을 맞혔다는 사격실력, 1분에 1000타를 친다는 행정병의 자랑 등 예비역들의 허세는 분야를 가리지 않는다. 군대이야기는 우월한 남성성을 드러내기 위한 마초들의 거들먹거림이 아니라 나의 인생이 헛되지 않았음을 확인하려는 몸부림이다.

제대 후 경험하는 거의 모든 일들이 나의 2년은 어쩌면 아무 의미 없는 것이었을지도 모른다는 불안을 점점 키우기 때문이다. 이를테면, 군가산점이 폐지된다는 소식이나 '군인들은 집 지키는 개' 같은 소리를 듣게 될 때 말이다. 이런 그들에게 예비군 훈련은 가까스로 막고 있는 군대에 대한 기억을 한꺼번에 되살리는 자극이다. 교장입구에 세워진 군대식 표어부터 멀리서 들려오는 총 소리, 날카로운 호각소리와 교관의 외침, 햇볕받은 훈련장의 흙냄새와 야외 화장실의 지린내까지도. 누군가에게는 한심해 보이는 예비군들의 개짓거리는 더 이상은 아무것도 빼앗기지 않겠다는 단호한 결의이자 더 이상은 너희들 마음대로 움직이는 내가 아니라는 처절한 존재의 증명인 것이다.

# 아저씨,
# 스스로 개가 되다

"물라면 물고, 놓으라면 놓고, 조직을 위해서 개처럼 살았습니다."

영화 「내부자들」에서 우장훈 검사(조승우 분)의 대사다. 개는 충직함의 대명사다. 시키면 시키는 대로 열심히 일하는 사람을 빗대기에는 개만 한 동물이 없다. 예로부터 일의 대명사는 마소, 즉 말과 소가 있지만, '개처럼 일했다'가 주는 처연함은 따라갈 수 없다. 개가 가장 안된 점은 아무도 개의 노고를 알아주지 않는다는 데 있다. 덩치도 크고 표정도 시크한 말과 소와는 달리, 개는 정말 체면도 자존심도 다 던져 놓은 것처럼 물고 핥으며 주인을 따른다.

게다가 개는 다른 놈으로 대체되기도 쉽다. 새끼도 많이 낳고 덩치가 작아서 크기도 금방 큰다. 그래서인지 덩치가 커서 힘도 세고 몸값도 비싼 소와 말과는 달리 사람들은 개의 필요성을 금방 잊는다. 토끼 사냥이 끝나면 개도 같이 삶아 버리는 것이다.

남자들이 군대를 다녀오며 어쩔 수 없이 개가 되었다면, 직장생활을 시작하면서부터는 스스로 개가 된다. 우장훈처럼 검사씩이나 되지 않더라도 남의 돈을 받는 직장생활을 한다는 것은 개인적 자존심을 어느 정도는 내려놓아야 한다는 것을 의미한다. 조직의 명을 잘 따라야 출세도 하겠지만 직장생활의 목적이 출세가 전부는 아니다.

대개의 남자들은 결혼과 동시에 가족의 생계를 책임지는 가장이 되고, 가장이 되면 출세가 문제가 아니라 짤리지 않기 위해서 자존심 다 버리고 그야말로 개처럼 일한다. 실적의 압박, 상사의 잔소리, 거래처와의 갈등, 고객과의 신경전 등등 사회생활에서 자존심 상할 일은 많고 많지만 그럴 때마다 사표를 던질 수는 없는 노릇이다. 혼잣몸일 때야 그깟 직장 때려치우고 새 일자리를 구할 수도 있지만 가장의 어깨에 지워진 짐의 무게는 총각 때와는 다르다. 상사 얼굴에 사표를 던지고 나오면 속이야 시원하겠지만 내가 책임져야 하는 사람들은 어떡할 것인가 말이다.

결혼한 남자들이 개처럼 변해 간다는 은유는 옆나라 일본에서도 보인다. 만화 『시바 아저씨』는 시바야마 타로(43세)라는 개의 얼굴을 한 남자를 통해 중년의 일본 샐러리맨의 일상을 그리고 있다. 시바 아저씨는 출퇴근 4시간의 만원 지하철을 견뎌야 하고 직장에서는 실적으로 쪼아 대는 상사와 자기주장 강한 부하 직원 사이에서 골치를 썩이기도 한다. 집에서는 걸 그룹을 꿈꾸는 사춘기 딸에게 무시당하고, 아내에겐 늘 쓰레기봉투만 들려지는 신세지만 그래도 가족을 생각하며 힘을 내는 평범한 가장이다.

남자가 개가 된다는 것은 첫째, 가정과 회사에 충성을 다한다는 의미이고, 둘째, 그러기 위해 개인으로서의 자존심을 버린다는 것을 뜻한다. 직장생활은 총성 없는 전쟁터다. 여기서 자존심을 세우다간 회사의 매출이 떨어질 수 있고, 그런 일이 발생했다간 대번 밥줄이 끊길 것이다. 전통적으로 한국이 그랬듯이 남성이 경제적으로 가정을 부양하는 사회에서 가장이 직장을 잃으면 가정은 위기에 빠진다. 따라서 가장들은 가정을 지키기 위해서 자존심을 버리는 것이다.

그러나 인간이 자존심은 끝까지 포기할 수만은 없다. 아무튼,

자존심은 인간으로서 반드시 가져야 하는 것이며 스스로를 가치 있는 존재로 만들어 주는 최후의 보루다.[24] 사람들은 어떠한 경우에도 자존심을 유지하려고 하며 그렇지 못했을 경우에는 정신건강에 심각한 악영향을 초래한다. 우울, 불안, 자살 등의 결과로 이어지는 정신병리의 상당부분은 자존감 저하와 밀접한 관련이 있다. 그런데 사회생활을 하면서 자존심을 우아하게 지키기란 쉬운 일이 아니다. 4, 50대 아저씨들은 시바 아저씨처럼 과장이나 부장 등의 직급에 있게 되는데 이런 직급은 부서의 실무를 통괄하며 조직원들을 통솔하고 조직의 실적과 방향성을 책임지는 자리다. 대해야 할 사람도 많고 신경 써야 할 일도 많으며 따라서 자존심을 버려야 할 상황도 많을 수밖에 없다.

직장에서 상한 마음을 집에서 위로받자니 그것도 마음 같지 않다. 어느새 아이들은 머리가 굵어져서 아빠와는 말도 섞지 않으려 하고, 바쁜 일상에 멀어진 아내와의 관계도 예전 같지 않음을 느낀다. 지치고 외롭고 자존심 상한 아저씨들이 택할 수 있는 길은 사실상 참는 것뿐이다. 그리고 사실상 많은 아저씨들이 이렇게 산다. 다음은 월드스타 싸이의 「아버지」라는 노래 중 일부다.

> 너무 앞만 보며 살아오셨네
>
> 어느새 자식들 머리 커서 말도 안 듣네

한평생 처자식 밥그릇에 청춘 걸고
새끼들 사진 보며 한 푼이라도 더 벌고
눈물 먹고 목숨 걸고 힘들어도 털고 일어나
이러다 쓰러지면 어쩌나 아빠는 슈퍼맨이야
얘들아, 걱정마
위에서 짓눌러도 티 낼 수도 없고
아래에서 치고 올라와도 피할 수 없네
무섭네 세상 도망가고 싶네
젠장 그래도 참고 있네 맨날
아무것도 모른채 내 품에서 뒹굴 거리는
새끼들의 장난 때문에 나는 산다
힘들어도 간다 여보 얘들아 아빠 출근한다

그러나 인간은 에너지를 한 방향으로 너무 많이 쓰면 다른 방향의 결핍이 발생하기 마련이다. 융의 그림자shadow 개념이 이것이다. 지나치게 억눌린 자존심은 강렬한 자존심 회복의 욕구로 나타나고, 내가 할 수 있는 것이 없다는 무력감이 극에 달할수록 통제감의 욕구는 커진다. 거래처의 갑질은 참지만 부하직원의 실수는 참지 못하고, 상사의 꾸지람은 견디지만 후배의 지적은 견디지 못한다. 집에서는 묵묵한 가장이지만 회사에서는 내 말이 곧 법인

폭군으로 돌변한다. 조직과 가족의 충성스런 개로 살던 아저씨들이지만, 참고 참다가 어떤 한계에 도달하면 이전과는 전혀 다른 종류의 개가 된다. 이 개는 앞서 말한 그 충성스런 개가 아니다. 자기 입 안에 들어온 뼈다귀를 지키기 위해 아무에게나 이빨을 드러내는 위험한 짐승이다.

아저씨들을 개저씨로 변하게 만드는
한계는 무엇일까.

# 위기의 전조, 노화

어렸을 때는 아저씨들의 가르마가 왜 2:8인지 이해하지 못했다. 이제는 안다. 가르마가 자꾸 한쪽으로 이동하는 이유는 앞머리가 점점 사라지기 때문이다. 머리카락이 비어 보이는 곳을 가리려면 옆에서 끌어와야 하는 것을 예전에는 몰랐다. H.O.T와 젝키가 무대 위를 날아다녔던 1990년대, 나의 가르마는 흡사 문희준이나 강성훈의 그것이었다. 그러나 최근의 가르마는 어느새 그 시절의 정욱이나 독고영재 씨를 떠올리게 하는 위치로 옮겨 가고 있다. 천만 탈모인 여러분께는 죄송스러우나 아직은 가르마란 것을 가지고 있다는 사실이 다행이라면 다행일까.

40대가 되면 나이 든다는 것이 느껴지기 시작한다. 물론 나이 먹는 것을 체감하는 것은 30대 중반쯤부터이지만 40이 넘어서면 이제 스스로를 기만하는 것도 한계에 도달한다는 뜻이다. 40대라는 나이는 새벽까지 술을 마셔도 6시간 뒤에는 저절로 눈이 떠졌던 20대와는 달라도 너무 다르다. 눈이 자꾸 감겨서 늦게까지 술을 마시지도 못하거니와 기분 좋다고 하루 무리라도 했다가는 그 여파가 일주일은 가볍게 지속된다.

일도 마찬가지다. 30대 중반만 해도 밀린 일을 하다가 새벽 두세 시가 넘어서 잠자리에 드는 것은 일상이었다. 그런데 갓 40이 된 어느 날, 평소처럼 자판을 두드리며 모니터를 들여다보고 있는데 갑자기 가슴에서 콕콕 쑤시는 통증이 느껴지는 것이 아닌가. 깜짝 놀라서 인터넷을 검색해 봤더니 협심증, 심근경색 등 살벌한 병명들이 모니터에 떠올랐다. 등줄기를 타고 흐르는 식은땀과 함께 새삼스럽게 나이가 느껴지기 시작했다. 40대. 과로, 심장마비, 돌연사 등등 이게 남의 이야기가 아니구나 싶었던 순간이었다.

어느새 작은 글자를 보려면 안경을 쳐들고 거리를 두어야 하고 때때로 사소한 단어들이 떠오르지 않아 끙끙대기도 한다. 해마다 한 치수씩 커지는 허리 사이즈는 이제 받아들이기로 했다. 간만에 대학시절 친구들을 만나면 '너 하나도 안 변했다'며 반가워들 하지만 변하지 않은 건 그 시절 우리들의 기억일 뿐, 현실의 우리들은 머리숱 부족하고 배 나온 영락없는 아저씨들일 뿐이다.

나이 40은 노화가 가시적으로 드러나는 시기다. 피부는 탄력을

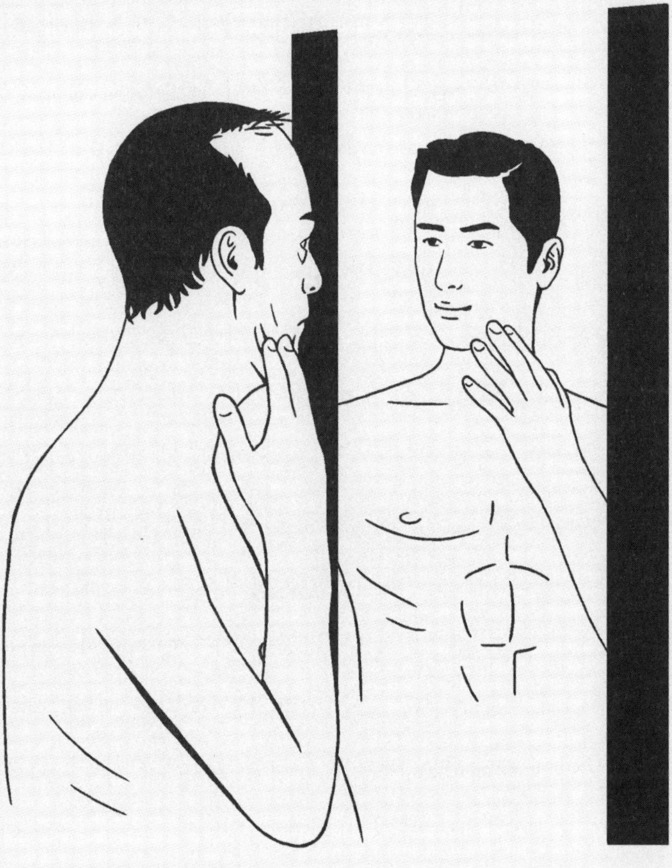

잃고 눈가와 입가에는 주름이 자리를 잡는다. 혈액순환이 잘 되지 않아 안색이 나빠지고 색소형성이 불규칙하여 얼룩이 생긴다. 머리카락이 가늘어지고 새로 나는 머리카락의 수가 날마다 빠지는 머리카락의 수를 따라잡지 못한다. —차마 말을 잇기 힘든데— 아저씨들이 헤어스타일에 이렇게 민감한 이유는 날마다 나를 떠나가는 것이 머리카락 몇 개가 아닌 나의 젊음이기 때문이다.

심혈관계의 기능이 떨어지면서 심장병과 고혈압, 동맥경화의 위험이 높아지며 호흡기의 기능도 30세 기준으로 75%까지 떨어진다. 시각, 청각 등의 감각이 둔화되는 것이 느껴지며 근육량이 떨어져 운동능력도 점차적으로 낮아진다. 이들의 연쇄효과로 나잇살이 붙는다. 운동시간이 부족한 직종에 있을수록 팔다리는 가늘어지고 배만 볼록 나오는 이른바 거미형 체형이 되는 것이다.

남자들에게 특히 충격으로 다가오는 것은 성적 능력의 감퇴다. 나이가 들면서 누구나 겪는 과정이라고는 하지만 대부분의 남자들은 이 분야에 대해서는 변화를 좀처럼 받아들이기 어려워한다. 언제부터인지 아침에도 몸의 아래쪽 어딘가가 그다지 힘차게 인사를 보내지 않는다는 사실을 눈치채면서 중년남자들의 자신감도 같이 사그라들기 마련이다. 실제로 중년에 접어들면 테스토스테론이 감소하면서 정자 수가 감소하고 정자의 활동성이 떨어지며 발기 강직도가 떨어지고 오르가즘의 빈도와 강도가 감소한다.[25]

또한 전립선이 비대해지면서 요도를 압박하여 소위 오줌발이 약해지며 때로는 전립선암으로 발달하기도 한다.[26]

성호르몬의 감소로 나타나는 이러한 증상들을 갱년기라고 하는데 갱년기는 여자에게만 오는 것이 아니다. 여성들은 40대 후반에 들어 여성호르몬 분비가 줄어들면서 폐경이 오고 열이 올라 땀이 나거나 얼굴이 붉어지는 증상이 나타나지만, 남성들의 남성호르몬은 30대부터 서서히 줄어들며 몸과 마음에 여러 가지 변화를 일으킨다. 변화의 폭은 여성들에게 더 커서 쉽게 주목받지만 남성 갱년기는 자각이 늦고 눈에 보이는 증상이 덜하기 때문에 관심의 대상이 되기도 어렵다.

예를 들면, 성호르몬의 변화는 감정의 변화로도 이어지는데 거칠고 난폭한 남성성을 맡고 있는 테스토스테론이 감소하면서 아저씨들은 감성이 풍부해진다. 영화나 드라마를 보고 남몰래 눈물을 훔치기도 하고 우울해졌다가 화가 났다가 하며 감정의 변화의 폭이 들쭉날쭉해지기도 한다. 철든 이후로 30대 중반까지 눈물이라곤 몰랐던 내가 처음으로 펑펑 울었던 것은 3, 4년 전 케이블 채널에서 해 주는 영화 「헬로 고스트」를 보고 나서였다. 불의의 사고로 귀신이 돼서도 아이 곁을 떠나지 못하는 아빠 엄마의 애틋한 사랑에 흐르는 눈물을 멈출 수 없었다. 아이들을 키우면서 부모의 마음에 감정을 이입한 탓도 있겠지만 견고했던 내 눈물샘을 터뜨린 것은 나이 들면서 생긴 호르몬의 변화도 한몫했을 것이다. 여기에 직장생활과 사회적 역할에서 오는 스트레스까지 더해지면 심각한 중년 우울증으로 발전하기도 한다. 하지만 여성들과는 달리 남성의 감정표현은 전통적 성 역할의 압력으로 인해 별로 좋게 받아들여지지 않다 보니 문제가 더 심각해지는 경우가 많다.

젊었을 적에는 잘 몰랐던 이러한 변화가 줄지어 나타나는 나이가 40대다. 몸과 마음이 보내는 모든 신호들이 내가 더 이상 젊지 않다는 것을 알려 주고 있다. 나는 나이 들고 있다. 늙어 가고 있다. 이 나이 듦의 끝은 어디인가. 누구나 알고 있지만 대답하기 꺼려지는 그 지점. 그곳은 죽음이다. 중년이라면 누구나 인식하기 시작하는 그 사실. 나는 죽어 가고 있구나. 자신이 죽어 가고 있다는 자각에서 비롯된 초조함과 불안이야말로 아저씨를 개저씨로 만드는 촉발자극이다.

# 중년의 위기

그렇게 나는 결혼을 하고
날 닮은 예쁜 아이를 낳고
그 녀석이 벌써 학교에 들어갔네
어느덧 세월은 날 붙잡고
황혼의 문턱으로 데려와
옛 추억에 깊은 한숨만 쉬게 하네
거울에 비친 내 모습 보니 많이도 변했구나
할 수 있다면 다시 그때로 돌아가고 싶어

유난히 귀에 와서 꽂히는 노래가 있다. 우연히 듣게 된 왁스의 「황혼의 문턱」이라는 노래를 몇 번이나 돌려 들었는지 모른다. '또 하루 멀어져 간다, 머물러 있는 청춘인 줄 알았는데…' 김광석의 「서른 즈음에」를 목 놓아 부르던 때가 엊그제 같은데 벌써 사십 줄을 훌쩍 넘었다. 마음은 옛날 그대로인 것 같은데 시간은 무정하게 흐르고 얼굴은 세월의 흔적을 감출 수 없다. 남은 시간은 점점 줄어드는데 이제까지 이룬 것은 그다 눈에 띄지 않는다.

4, 50대 아저씨들이 겪고 있는 이러한 시기는 심리학에서 중년의 위기로 일컫는 시기다. 중년의 위기란 신체적, 사회적 여건들이 중년에게 새로운 상황에 적응하도록 요구하는 동시에 사회적 상황(주로 직업에서의)과 가정적인 여건 등에 의해서 심리적 격랑을 겪으면서 발생하는 현상을 말한다. 중년의 위기는 보편적인 현상으로 받아들여지고 있다. 융에 따르면 내담자의 75%가, 레빈슨의 경우 연구 참여자의 80%가 이러한 심리적 위기를 경험하고 있다고 보고하였다.

중년에게 닥쳐오는 이러한 위협의 근원은 노화의 체감에서 오는 죽음에 대한 자각이다. 중년의 위기라는 개념을 창시한 엘리엇 자크는 중년의 결정적 특징은 자신이 궁극적으로 죽음을 피할 수 없다는 점을 깨닫는 것이라 했다.[27] 중년 연구자 대니얼 레빈슨 또한 중년 남성들이 젊음의 활력이 사라져 가고 있다는 상실감을 경험하며, 또는 가끔 젊은 시절의 자기도취적 자만심을 떠올리고 일종의 굴욕감을 느낀다고 말하고 있다. 그에 따르면 수많은 남성들

에게 중년은 서서히 또는 급속히 진행되는 침체의 과정이며 세상과 자신에게서 소원해지는 과정이다.[28]

한편 중년의 위기가 존재하지 않는다는 견해도 있다. 세계 최장기 성인발달연구를 수행한 하버드 대학의 조지 베일런트는 268명의 대학생들을 30년 동안 추적한 연구를 통해 사람들이 꼭 중년의 위기를 겪는 것은 아니라고 주장했다. 연구에 따르면 35세-49세의 사람들이 가장 행복했으며 21-35세가 가장 불행했다.[29] 30대는 직업, 가정 등 인생의 중요한 과제들이 아직 확정되지 않은 때이고 대인관계 및 감정처리에서도 미숙한 경우가 많기 때문에 행복하다고 느끼기 힘들지만, 중년이 되면서 사회적, 개인적으로 삶이 안정되고 창의성, 유머, 이타주의 등 성숙한 방어기제를 사용하면서 오히려 만족감을 느끼게 된다는 것이다. 맥아더 프로젝트의 브림 역시 40-60세 사이의 10%만이 죽음에 대한 공포나, 인생의 전환점에 놓여 있다는 위기감을 경험한다고 주장한다. 중년은 전혀 끔찍한 시기가 아니며 오히려 대부분의 사람들이 머물고 싶어하는 시기라는 것이다.[30]

하지만 베일런트나 브림의 연구결과가 중년의 위기가 존재하지 않는다는 증거 그 자체는 아니다. 중년에는 노화에 따른 신체적 변화가 실제로 일어나며, 현대 사회에서 청년과 중년, 노년에게 기대되는 사회적 역할에는 분명한 차이가 있다. 이러한 변화를 겪는 이들의 마음이 평온하기만 할 수 있을까? 위 연구의 결과들은 위기를 경험했던 중년들이 자신의 삶을 정당화하고 난 결과일 가능성도 있다. 더군다나 중년의 위기에 제대로 대처하지 못한 사람들은 애초에 연구에서 배제되었을 가능성이 크다.

또 하나, 중년의 위기는 그들이 살아온 배경에 따라 그 체감되는 정도가 매우 다르다는 주장도 있다. 대표적인 중년 연구자 레빈슨은 그들이 살아온 시대적, 사회적 환경이 중년의 혼란과 불안의 감정을 촉발할 수 있다고 보았다.[31] 맥아더재단 연구진 캐럴 리프는 그 예로 2차대전 참전세대를 들고 있다. 2차대전에 참전했던 미국의 1920년대생 남성들은 전쟁터에서 돌아와 밀린 숙제를 하듯이 취업과 결혼, 출산, 양육을 해냈다. 그들의 자녀, 베이비붐 세대가 사회로 진출하기 시작한 1960년대에는 청년 문화가 사회의 주류가 되면서 중년이 된 참전세대들이 설 자리는 급격히 줄어들었다.

더욱이 이 시기에 활성화된 여성운동의 영향으로 전통적인 가장의 지위마저 위협받으면서 심리적 위기를 호소하는 중년들이 급격히 늘어났다. 자신의 인생에 대한 구체적 계획없이 사회로 돌아와 남들이 하는 대로 소위 사회적 표준에 도달하기 위한 삶을 살았던 그들에게 이러한 변화들은 자신의 존재에 대한 심각한 위기가 아닐 수 없었던 것이다. 심리학에서 중년을 발견하고 중년의 위기를 정의하기 시작한 때가 방금 언급한 참전세대가 심리적 위기를 맞던 1960년대인 것은 당연한 일이다.

사람들은 자신이 살고 있는 문화, 그리고 사회와 무관하게 존재할 수 없다. 베일런트 연구에 참여한 1970년대 중후반의 미국 중년들은 중년의 위기는 없다고 단언했다. 그러나 현재 미국의 중년들도 그렇게 생각할까? 미국 질병예방통계센터(CDC)는 서브프라임 모기지 사태가 일어난 2007년부터 2014년까지 75세 이상을 제외한 모든 연령에서 자살자가 2%씩 늘었다고 발표했다. 미국 노동자복지연구소의 조사에 의하면, 미국의 베이비붐 세대는 자신의 부모 세대보다 많게는 5배 이상의 부채를 안고 있는 것으로 나타났다. 미국 역사상 가장 빛나는 성장의 시기를 보냈던 이 세대가 짊어진 빚은 2015년 평균 9만 9700달러(1억 1400만 원)로 10년 전에 비해 10% 가량 증가했다. 그들을 바라보는 현재 미국의 중년들은 어떤 마음일까.

캐럴 리프가 언급한 미국의 참전 세대에게 다가온 중년의 위기를 고려하면, 한국의 문화와 사회적 현실에서 중년의 위기가 존재하지 않는다고 말하는 것은 어불성설이다. 격동의 현대사 속에서 한국인들은 미국의 참전세대처럼 자신의 인생을 살기보다는 사회적 기준을 충족하기 위해 살아왔다. 그럴 수밖에 없었던 것이 조선왕조가 문을 닫고 일제강점기를 거치면서 옳다고 믿어 왔던 과거의 가치들이 대부분 폐기되었기 때문이다. 삶을 지탱해 줄 가치와 기준들이 존재하지 않았기 때문에, 현대 한국인들은 어떻게 하면 잘 사는 것인가에 대한 외적 기준—아파트 평수나 자동차 배기량, 연봉 같은—들이 중요할 수밖에 없었다. 그렇게 사는 것이 당연한 줄 알고 살다가 문득 도달해 버린 중년은 자신이 지켜 왔던 모든 것들에 대한 근본적인 물음을 던지고 있다. 나는 무엇을 위해 이렇게 살고 있는가.

그동안의 한국사회는 체감 퇴직연령이 50대 초반까지 앞당겨졌고, 문화는 양성평등을 강조하는 방향으로 나아가고 있는데, 전통적으로 가장에게 부여되는 부양의 책임에 대한 호소나 남자의 감정표현을 찌질한 것으로 생각하는 문화 또한 여전히 지속되고 있다. 이런 상황에서 중년남성들은 자신이 위기를 겪고 있다는 사실 자체를 자각하기 어려우며 자신의 심리적 위기를 누군가에게 호소할 기회조차 차단당한다. 분명히 말한다. 아저씨들은 위기다.

# 커지는 불안,
# 언제까지 일할 수 있을까

아저씨들의 위기감을 더 크게 하는 것은 직장에서의 변화다. 현대인들은, 특히 남자들은 직업으로부터 존재의 이유를 찾는다.[32] 직업은 자신의 정체성을 드러내고 돈을 벌어 가족을 부양한다는 가장으로서의 가치를 느끼게 해주기 때문이다. 알랭 드 보통은 현대인들의 불안이 대개 그가 성취한 사회적 지위에서 온다고 보았다.[33] 어떤 사람이 사회에서 제시한 성공의 기준에 도달하지 못할 위험에 처했다면, 그는 인간으로서의 존엄을 잃고 다른 이들에게 존중받지 못할지도 모른다는 불안에 휩싸이게 된다. 이런 불안은 매우 강력해서 거의 일상생활을 불가능하게 만든다.

일에서 얻는 자존감에 균열이 생기는 때가 대략 4, 50대다. 대학

졸업 후 바로 회사에 들어간다고 했을 때 입사 후 15-20년 정도가 되면 대략 부장 정도의 지위에 오르게 된다. 그렇게 몇 년이 더 지나면 선택의 순간이 다가온다. 임원급(이사) 이상으로 승진하느냐 그렇지 못하느냐가 결정되는 것이다. 2014년 경영자총협회가 전국 219개 기업을 대상으로 실시한 결과에 따르면 현재의 직급별 승진율이 유지된다고 가정할 때 신입사원이 임원으로 승진하는 비율은 0.74%로 파악됐다. 천 명이 입사하면 7명만 임원이 된다는 뜻이다. 그럼 임원이 못 되는 993명은 어떻게 될까. 잘 아시다시피 들고 나온 퇴직금으로 치킨집 아니면 피자집, 어느 프랜차이즈의 사장이 되어 직장인일 때보다 더한 생존 경쟁에 내몰린다. 참고로 자영업자가 3년 안에 폐업할 확률은 50%에 달한다(2014년 기준). 그렇다고 망하는 게 무서워서 아무것도 안할 수는 없다. 50대는 애매한 시기다. 일을 놓고 삶을 정리하기에는 너무 많은 시간과 너무 많은 할 일이 남아 있다.

회사원이 아닌 자영업이나 예술가, 나같이 교육계에 있는 사람들의 경우도 마찬가지다. 자영업이 어려운 것은 하루이틀이 아니고, 예술하는 사람들이 힘든 것도 널리 알려진 사실이다. 교수는 안정적이라는 시각이 있지만 그것도 운 좋은 일부의 이야기다. 상대적으로 안정적인 직종에 있는 이들도 일을 시작한 지 15년에서 20년 정도 지나고 나면 일종의 정체기가 찾아온다. 첫 직장이 자신이 진정으로 원했던 일인 경우 자체도 드물뿐더러 대개 안정적 수입 때문에 선택한 일이기 때문에 일에서 의미를 찾기도 어렵기 때문이다.

사람들은 경제적 이유 때문에, 독립을 위해서, 가족의 바람으로 직장에 들어가 돈을 벌기 시작한다. 그러면서 돈과 경력이 어느 정도 모이고 쌓이면 내가 진짜 원하는 일을 하면서 살겠다고 다짐한다. 그러나 살다 보면 그게 또 말처럼 쉬운 일이 아니라는 것을 알게 된다. 처음부터 진정 원했던 일을 시작한 경우도 크게 다를 것은 없다. 좋아 보여서 시작했는데 생각했던 것과는 많이 달랐던 경험, 누구나 한두 번 이상은 있을 것이다. 정말 좋아했던 일이 돈벌이 수단이 되면 예상 못 한 스트레스가 찾아올 수 있다.

가장 큰 문제는 역시 현실이다. 그동안에 업종의 유행이 바뀌어서 새로운 일을 시작해야 하는 경우도 있고 하던 일의 수입이 적어서 자녀의 교육비나 집값 등을 충당하려고 다른 직장을 찾게 되는 경우도 있다. 현실 이야기가 나와서 말인데 중년에는 돈 들어갈 데도 많다. 30대 초반에 결혼을 했다면, 그리고 과히 늦지 않게 자녀를 보았다면 40대 후반에서 50대 초반이 되었을 때는 자녀의 나이가 대략 10대 중후반에 이를 것이다. 중·고등학생 정도의 나이. 좋은 대학에 들어가는 것이 아직도 인생의 성공을 좌우하는 대한민국에 살려면 한창 교육비가 들어갈 때다. 대학에 가면 등록

금이 연 1000만 원에 이르고 유학이라도 보낼라치면 등록금에 집세에 생활비에… 도저히 계산이 안 선다. 한국의 많은 가장들이 아내와 아이를 외국에 보내고 기러기 아빠 생활을 하는 데는 이유가 있다.

집 문제도 녹록한 일이 아니다. 나도 작년에 집을 샀는데 남는 돈으로 산 게 아니라 2년마다 한 번씩 이사하기가 힘들어서 샀다. 치솟는 전세금에 맞춰 대출하는 바에는 대출 조금 더 해서 집을 사는 게 낫다고 생각한 것이다. 집 샀다고 여기저기서 축하를 건네지만 우리집의 상당부분은 은행 소유다. 대출금을 다 갚으려면 몇 년이 더 걸릴지 모른다. 그나마 양가의 부모님께서 아직 경제활동을 하고 계시고 몸 건강하셔서 망정이지 집안 어르신 중에 편찮으신 분이 계시거나 부모님까지 부양해야 하는 상황이라면 대략 정신이 멍해져 온다. 40대에서 50대에 이르는 많은 아저씨들이 처한 상황은 이보다 더 나쁘면 나빴지 좋을 리는 없을 터이다.

직장에서의 위기는 이런 상황에 닥쳐온다. 잡코리아가 2017년 4월 조사한 직장인들의 예상 퇴직연령은 51.7세였다. 중년의 위기를 체감할 시간도 없이 은퇴 이후를 걱정해야 할 판이다. 사실 진짜 문제는 퇴직 이후다. '2014-2015년 보험개발원 은퇴시장 설문조사 통합분석 보고서'에 따르면 예상 퇴직급여는 1억 52만 원이었지만 은퇴 후 예상 자녀 부양비(교육비+결혼비)는 1억 5219만 원에 이르렀다. 자신의 노후 자금은 차치하고 자녀를 가르치고 결혼시키는 데에만도 5천만 원 가량이 더 필요하다는 것이다.

한국보건사회연구원의 2015년 조사에 따르면 50대는 가장 큰 걱정거리로 건강(32.0%), 노후생활(24.7%), 일자리(16.3%), 자녀교육(9.6%), 주거비(6.7%), 부모부양(5.6%), 부채상환(5.1%) 등을 꼽았다. 자신의 일자리 유지와 노후생활을 장담하지 못하는 가운데 높은 주거비, 자녀교육과 부모부양 등을 우려하는 모습이 역력했다. 취업난으로 인해 갈수록 독립이 늦어지는 20대의 부모 세대가 바로 이들이라는 것을 고려하면 이들이 느끼는 압박감은 앞으로 더 커질 것으로 예상된다. 상황이 이런데 몸은 늙어 가고 남은 시간마저 얼마 없다고 생각하면 불안해지지 않을 도리가 없다. 잠이 안 오고 밥이 안 넘어간다. 내가 돈을 못 벌면 애들은? 아내는? 부모님은? 몸은 직장에 있어도 머릿속으로는 계산이 복잡할 수밖에 없다. 일도 손에 안 잡히고 짜증이 는다.

# 개저씨는 왜 화를 내는가

최근 일어난 두 비극적인 사건, 고층 아파트 외벽 작업자 살인사건과 인터넷 수리기사 살인사건의 원인은 아저씨들의 화였다. 이들은 아파트 외벽 작업자의 음악소리가 듣기 싫다며 줄 하나에 매달려 일을 하는 가장의 생명줄을 끊었고, 인터넷이 자주 고장 나는 게 화가 난다는 이유로 기사에게 흉기를 휘둘렀다. 전문가들은 평소 누적된 스트레스를 해소하지 못한 것이 이 극단적인 범죄의 원인이라 진단한다. 개저씨들은 늘 화가 나 있다. '이걸 일이라고 했어?!' '몇 번을 말해야 알아들어!' 업무 지도를 한답시고 인신공격까지 서슴지 않는 직장 상사들이 그렇고, 서비스가 자기 마음에 들지 않는다고 공공장소에서 소리를 질러대는 진상들도 그렇다. 일부 개저씨들은 집에서도 왕처럼 군림하며 아내와 자식들에게도 매사에 화를 낸다.

아저씨들이 화를 내는 이유는 두 가지다. 첫째, 아저씨들에게 특히 화날 일이 많다는 것과, 둘째, 감정을 어떻게 다루어야 할지 모른다는 점이다. 앞서 살펴본 것처럼 아저씨들이 화날 일이 많다는 것은 어느 정도 이해할 수 있다. 4, 50대 남성의 사회적 지위는 대개 위에서 치이고 아래에서 받히는 구조다. 스트레스가 많을 수밖에 없다. 나이가 들면서 몸은 여기저기 고장이 났다는 신호를 보내오는데 가장이라는 책임감은 어깨를 짓누른다. 그런데 정작 가족은 나에게 관심이 없다. 뭔가가 단단히 잘못됐다는 생각이 들면서 아주 더러운 기분이 스멀스멀 올라온다. 그런데 정작 남자들은 그 감정이 무엇이고 어떻게 해결해야 하는지 방법을 모른다. 배운 적이 없기 때문이다.

한국사회뿐만 아니라 인류 역사상 존재했던 거의 모든 사회에서 남성들의 감정표현은 그리 긍정적으로 받아들여지지 못했다. 심리학자 마이클 톰슨은 남자아이가 여자아이 보다 감정적으로 더 예민하다고 주장한다. 그러나 남자는 감정을 드러내서는 안된다는 성 역할 고정관념 때문에 점차 자신의 감정을 억제하게 되는 것이다.[34] 남자아이들은 4-6세쯤에는 이미 감정을 억제하는 법을 배우고 사춘기가 되면 성인 수준으로 감정을 억제한다. 우리 사회에서도 남자는 평생 세 번만 운다는 말이 있는 등 남성의 감정표현은 극도로 제한되어 왔다. 그 결과 남자들은 지금 드는 기분이 무엇을 의미하는지 모른다. 그러다 보니 이 기분에 어떻게 반응해야 할지도 모른다.

아저씨들이 겪는 더러운 기분의 정체는 두려움이다. 자신이 늙어 가고 있다는 사실을 깨달으면서 찾아오는 죽음에 대한 공포는 남은 시간에 비해 아직도 해야 할 일이 많다는 초조감을 불러일으킨다. 이제까지 이루어 놓은 일도 보잘것없고 앞으로 잘 할 자신도 없다. 잘난 줄 알고 살아왔지만 사실은 자신이 별 것 아니라는 자각, 무가치감과 우울, 인정받지 못한다는 공포, 지금까지 잘못 살아온 게 아닐까 하는 불안은 아저씨들을 두렵게 만든다. 그러나 남자들에게 두려움을 드러내는 것은 금기다. 남자들이 뭔가가 무섭다고 하면 그깟 게 뭐가 무섭냐 또는 남자가 그 정도는 이겨 내야지 따위의 비난을 듣게 된다. 따라서 남자들은 두려울 때 화를 내는 것이다. 화를 내면 최소한 약해 보이지는 않기 때문이다. 화는 기본적으로 공격을 당하거나 가진 것을 빼앗겼을 때 나오는 반응이지만 때로 공포나 슬픔을 회피하는 수단이 되기도 한다.

# 깨달음의 시작, 불혹不惑과 지천명知天命의 숨은 뜻

불혹, 40세를 이르는 말이다. 공자께서 하신 말씀으로, 나이 40이 되자 더 이상 미혹되는 일이 없었다는 뜻이다. 주위에서 일어나는 어떤 일에도 중심을 잃지 않고 자신의 원칙을 지킬 수 있는 경지가 불혹이다. 그런데 말이 쉽지 이 경지가 아무나 도달할 수 있는 게 아니다. 40세가 넘은 분들은 자문해 보시라. 40이 되니 과연 어떤 일에도 미혹되지 않을 수 있던가? 천만의 말씀이다. 무엇보다 우리는 공자가 아니다. 공자가 누구신가. 예수, 석가와 함께 인류 3대 성인으로 꼽히는 분이 아닌가. 그런 분이 40년의 공부와 수양으로 이룬 경지를 나이만 40이 됐다고 우리 같은 범인들이 도달할 리 없다. 그게 이성적인 판단이다. 그렇다면 40이 불혹이라는 것은 무슨 뜻일까? 공자님과 나

같은 평범한 사람들의 차이에도 불구하고 불혹이 나이 40을 뜻하는 용어로 굳어지게 된 데에는 이유가 있을 것이다.

그것은 40이 넘으면서부터는 더 이상 미혹되어서는 안 될 나이라는 의미가 아닐까? 나이 40이 되면 대개 커리어에서나 개인적 삶에서나 어느 정도의 위치에 도달한다. 직장에서는 서투르던 초년병 시절을 지나 경력이 쌓이면서 관리자로 자리매김하고, 개인적으로는 결혼을 하고 아이 한둘을 기르고 있을 때다. 이쯤되면 하고 있는 일이 마음에 들지 않거나 전망이 썩 좋지 않아도 새로운 선택을 하기가 망설여지게 된다. 새 직업을 갖기에는 그간 쌓아 온 경력이 아깝고, 새 분야로 이직을 한다 해도 거기에서 지금처럼 자리를 잡으리라는 보장도 없다. 가정생활도 마찬가지다. 부부 사이에 도저히 참을 수 없는 큰 문제가 있지 않으면 사는 게 다 이렇지 싶고 실제로 남들도 다들 그렇게 사는 것처럼 보인다. 아이들이라도 있으면 선택의 여지는 더욱 줄어들 것이다.

40이 넘어 뭔가를 다시 시작하기에는 위험부담이 크다. 이른바 인생의 귀환불가지점point of no return을 지난 셈이다. 배나 비행기는 연료 문제로 되돌아갈 수 있는 한계를 지나면 어쨌거나 애초에 목표한 곳으로 갈 수밖에 없는데, 그 지점을 귀환불가지점이라 한다. 인생이라는 여정에서 나이 40은 바로 그러한 의미를 갖는다. 이런 시기에 어딘가에 미혹된다는 것은 위험한 일이다. 자칫하다가는 지금까지 살아온 세월마저 물거품이 될 수 있기 때문이다. 가뜩이 나 진행 중인 노화 때문에 체력도 예전 같지 않고 인지적 능력도 믿음직스럽지 못한 때에 지금껏 가 보지 않은 새로운 길을 가겠다는 것은 만용일 수도 있는 것이다. 이제 다시 시작할 수 없다는 자각이 들고 나면 남은 것은 이제까지의 삶을 정당화하는 것뿐이다. '그래, 이렇게 사는 게 맞는 거야', '남들도 다 이렇게 살아', '아등바등한다고 달라질 게 뭐 있어', '어차피 안 될 거 이젠 그만 하자.' 그렇다. 40은 포기를 배우는 나이다.

물론 치열했던 2, 30대를 살면서 인생에 대해 품어 왔던 욕망과 현실의 갈등이 하루아침에 정리될 리는 없다. 레빈슨은 『남자가 겪는 인생 사계절』에서 40대 남성은 현재의 자신과 자신이 되고자 꿈꾸었던 인물 사이의 불일치를 잘 해결해야만 한다고 주장했지만,[35] 누구나 이런 종류의 불일치를 잘 해결할 수 있는 건 아니다. 이상과 현실의 차이는 이제까지의 내 인생이 실패했을지 모른다는 불안을 준다. 그런 불안이 사그라드는 데는 인고의 세월이 필요하기 마련이다. 40대들은 직장에서 구르고 가정에서 깎이면서 웬만한 일에도 미혹되지 않는 법을 배운다. 그렇게 나이 50이 되면 하늘의 뜻을 안다는 지천명의 나이다. 그러나 50이 넘은 사람들 중에 하늘의 뜻을 제대로 아는 사람은 별로 없는 것 같다. 지가 천명을 안다고 주장할 뿐이다. 그래서 '지천명'이 아닐까.

지가 천명을 안다는 믿음, '어차피 세상은 순리대로 움직이는 거야.' 심리학에서는 이러한 믿음을 정당한 세상에 대한 믿음Belief in a Just World라고 한다. 이 개념을 창안한 멜빈 러너는 사람들이 기본적으로 이 세상이 정의롭고 공평한 곳이라고 믿고 싶어하는 성향을 갖고 있다고 주장했다. 이 믿음과 반대되는 너무나 확연한 불의나 부당함과 마주했을 때, 사람들은 어떻게든 그것을 해결하고 싶어 한다. 그러나 자신이 할 수 있는 것이 아무것도 없다는 것을 깨닫게 되면 정당한 세상에 대한 믿음은 혼란에 빠지게 되는데, 그러한 경우 사람들은 믿음을 바꾸는 대신 자신의 믿음을 유지하는 쪽으로 인지의 내용을 바꾼다.[36]

누군가 정당한 세상에서는 절대로 있을 수 없는 일을 당하고 있더라도 사람들은 오히려 그 사람이 그러한 일을 당하는 데에는 그만한 이유가 있을 거라는 식으로 합리화를 하는 것이다. 예를 들면, '성범죄 피해자들도 옷을 단정치 못하게 입고 다닌 잘못이 있다', '성공하지 못한 사람은 노력을 하지 않았기 때문이다', '병에 걸린 사람들은 절제하지 못하고 방탕하게 살아서 그렇다'와 같은 반응들이 대표적이다. 그런 일을 당한 사람은 자기가 저지른 잘못에 대한 벌을 받는 것이고 세상은 여전히 정당한 채로 남아 있게 된다. 사람들이 이러한 인지경향성을 갖는 것은 그편이 더 효율적이기 때문이다. 다시 말해 그렇게 생각하는 편이 덜 피곤하고 시간도 덜 든다.

또한 정당한 세상에 대한 믿음은 살면서 일어나는 받아들이기 힘든 사건들을 받아들이게 해 주는 기능도 있다. 세상 모든 일들이 반드시 정당과 부당으로만 해석되지는 않는다. 착하게만 산 사람이 불의의 사고로 목숨을 잃는가 하면 최선을 다한 일의 결과가 형편없이 돌아오는 경우도 있다. 이런 경우에, '내가 잘 모르는 무슨 이유가 있겠지', '진짜 착한 사람이 저런 일을 당할 리는 없어'라고 생각하면 마음이라도 조금은 편해진다. 지각된 통제력을 높여 정신 건강에 도움이 되는 것이다.

따라서 정당한 세상에 대한 믿음이 강할수록 보수적이 되기 쉽다. 최근 실시된 한 연구에서 정당한 세상에 대한 믿음이 강한 사람들은 차별받는 이들을 위해 사회구조를 바꿔야 할 필요가 없다는 태도를 보였다.[37] 살면서 인생의 단맛과 쓴맛, 빛과 어둠을 웬만큼 겪었을 50대가 되면 자연히 정당한 세상에 대한 믿음이 더 강해지게 마련이다. 전통적으로 50대 이상의 보수성이 높은 것도 비슷한 이유 때문일 것이다. 그러고 보면 50을 지천명이라고 하는 데에도 이유가 있어 보인다. 50이 된 나는 천명을 알아야 한다. 내가 살아온 인생은 늘 정당한 것이어야 하기 때문이다.

# 개저씨의 심리학적 정의

늙어 가는 몸, 바뀌어 가는 역할, 현재의 자신에 적응하지 못하고 스러져 가는 자존심을 붙잡고 여태까지의 제 삶을 정당화하는 것이 중년의 위기를 맞은 아저씨다. 여기에 권위주의, 갑질 등 한국문화의 가장 바람직하지 못한 모습이 더하면 개저씨가 된다. 즉 개저씨의 행태들은 중년의 위기를 맞아 존재의 이유를 상실한 아저씨가 나 좀 인정해 달라고 개처럼 '짖어 대는' 것들이라 볼 수 있다. 이렇게 늙어 가다가 죽고 싶지 않다는 욕구, 남들에게 잊혀지고 싶지 않다는 욕구, 필요한 사람이 되고 싶다는 욕구가 사회문화적 지위와 권력을 등에 업고 부정적으로 분출되는 것이다.

이 과정을 심리학적으로 풀어내 보자. 에릭슨은 중년을 생산성 vs 침체의 시기로 보았다. 중년은 여러 면에서 개인의 생산성이 극대화되는 때다. 성인기 초기(2, 30대)에 일구어 낸 가정과 직장에서의 삶은 중년에게 높은 생산성을 요구한다. 쉽게 말해 뭐든 열심히 일해야 한다는 뜻이다. 그러나 그런 만큼 쉽게 침체를 맛보게 되기도 한다. 목적 없는 질주는 피로를 가져오고 당연한 듯 주어진 책임감의 무게는 피로를 가중시킨다. 거기 더해서 피부로 느껴지는 노화의 속도와 달라지는 사회적 역할은 자존감 손상과 우울마저 불러일으킨다. 중년의 위기를 잘 극복하고 긍정적인 발달단계를 거친 사람들은 주변 사람들에게 관심을 갖고 그들을 돌보려고 하지만 그렇지 않은 사람들은 무관심indifference해지거나 자기도취self-absorption에 빠진다. 에릭슨은 이것을 침체성stagnation으로 표현했다.[38]

융은 중년이 인생의 의미를 찾기 위해서는 청년기의 주관적 성취를 느낄 필요가 있다고 말했다.[39] 그러지 못하면 청년기에 이루었어야 할 성취에 집착하기 때문이다. 이른바 욕구에 고착되는 것이다. 정신역동이론에서 어떤 욕구에 고착되었다는 것은 그 욕구가 해결되지 않고서는 인생의 다른 단계로 이행하기 어려움을 뜻한다. 예를 들면, 고시 낭인이라고 고시에 패스하여 고위공무원이 되기 바랐던 사람은 쉽게 고시촌을 떠나지 못하는 경우를 흔히 본다. 그런 사람은 나이가 들어 고시를 포기하고 다른 직장을 다니다가도 언젠가 다시 고시촌으로 돌아온다. 그의 삶은 고시 패스에 묶여 있는 것이다. 고시 패스 외의 다른 모든 성취들도 여기에 해당된다.

사실 중년에 이르러 과거에 꿈꾸었던 이상을 모두 이루고 사는 사람은 드물다. 유치원 생일잔치에서 대통령이 되겠다던 아이들이 모두 대통령이 될 수는 없는 것처럼 말이다. 따라서 중년은 어릴 때 꿈꾸었던 이상이 아닌 현실적 성취를 받아들일 필요가 있다. 이를테면 직업을 갖고 그 직업에서 자신만의 전문 분야가 넓어져 가는 것, 아이를 낳고 아이가 커 가는 것을 곁에서 지켜보는 것도 자신이 이루어 낸 성취인 것이다. 현재는 과거 자신이 내린 모든 결정들의 결과다. 자신이 이미 이루어 낸 성취들을 인정하지 못하고 이루지 못한 성취에만 집착하면 중년의 위기는 피해 갈 수 없다. 더욱이 미래에 대한 그 어떤 새로운 도전도 불가능한 것은 물론이다.[40]

소위 이상적인 성취를 맛본 사람들에게도 중년의 위기는 찾아온다. 성공한 중년들에게 위험한 것은 팽창된 자아inflated ego가 자기를 지배하는 경우다. 자신의 능력과 성취를 확대해석하고 자기도취에 빠지는 것이다. 개저씨의 트레이드 마크, 꼰대질이 여기에서 나온다. 나는 성공했으니 무슨 짓을 해도 항상 옳다는 생각이다. 주위 사람들의 처지나 사정 같은 것은 당연히 눈에 들어오지 않는다. 그저 어려움 모르는 젊은 것들의 투정이라고 치부해 버리는 것이다. 성공과 성취는 중요하다. 그러나 무엇을 위한 성공이며 무엇을 위한 성취인지 고민하고 그 해답을 찾아야 한다. 그렇지 않으면 자신의 성공에 갇혀 다른 이들을 돌보지 못하는 사람으로 늙는다. 청년들이 빚이 있어야 파이팅한다는, 노력이 부족하다고 말하는, 고생을 안 해 봐서 모른다며 무시하는, 다 경험이라고 생각해야지 방법이 없다는 개저씨들은 자기도취에 빠진, 바람직하지 못한 중년의 모습이다.

에릭슨은 성공적으로 적응한 중년은 관대성generativity을 갖는다고 주장한다. 에릭슨에게 있어 관대성이란 나 아닌 다른 이들, 특히 후속 세대에 대한 배려를 뜻한다.[41] 중년은 인생에서 가장 왕성한 생산성을 갖는 시기다. 그러나 그 생산성은 자신이 아닌 다른 사람들을 향해야 한다. 관대성 획득에 실패하면 중년의 삶은 의미를 찾기 어렵다. 왜 사는지, 무엇을 위해 사는지, 목적을 잃고 허무감에 몸부림친다. 그리고 한편으로 허탈감과 허무에서 벗어나기 위해 유사-친밀감을 추구하게 되는데, 유사-친밀감pseudo-intimacy이란 관계에 상처받지 않으면서도 친밀감을 느끼는 것을 뜻한다.[42]

방황하는 중년남성들이 흔히 찾아내는 삶의 이유는 가족이다. 그러나 가족과의 관계는 이미 멀어질 대로 멀어진 후다. 나를 성가셔하는 아내, 말 붙이기도 어려운 자식들… 내가 가장 사랑하는 사람들이 왜 이렇게 멀어졌을까. 나는 이들을 위해 그렇게 개처럼 살아왔는데… 허무감이 밀려오지만 가족들과의 관계를 회복해서 삶의 이유를 다시 찾고 그들에게 위로를 받는 것은 쉽지 않다. 이럴 때 추구하는 것이 유사-친밀감이다. 쉬운 예로 바람, 즉 외도가 있다. 중년남성들에게 외도는 잃어버린 젊음과 성性적 자신감뿐만 아니라 관계적 욕구를 충족하기 위한 수단이 된다. 한국문화에서 유사-친밀감을 느낄 수 있는 또 하나의 경로는 갑질이다. 자신의 권위(지위, 나이) 앞에서 상대방은 대단히 친밀한 듯 느껴진다. 쉽게 말해 까라면 까지 않는가 말이다. 잃어버린 존재이유는 내 앞에서 웃음 짓고 고개 숙이는 사람들로 충족된다. 성적 욕망의 추구와 갑질이 결합하면 성희롱(성추행)이 된다. 리서치 기업 마크로밀 엠브레인이 2017년 1월 20-40대 일반인 성인 여성 921명을 대상으로 '주변 남성들이 개저씨로 보일 때'를 조사한 결과 다음과 같은 대답이 나왔다.

- 여성이나 학생, 종업원, 아르바이트 직원에게 성희롱하거나 함부로 대할 때
- 노상방뇨하며 길거리에서 담배 필 때
- "여자가 말이야~"로 시작하는 오지랖을 부릴 때
- 지하철 임산부석에 앉아 행패 부릴 때
- 남의 말은 안 듣고 자기 말만 주장할 때

개저씨들은 성희롱 발언이나 외모지적을 농담처럼 하고, 참다 못해 정색하면 '농담도 이해 못 하는 쿨하지 못한 사람'으로 치부한다. 딸이나 아내한테는 하지 못할 말을 수시로 한다. "넌 다리는 예쁘다. 그렇게 옷 입고 다니니까 조심하라고 한 거잖아. 딸 같아서 하는 소리야."

그러나 이런 식으로 충족되는 유사-친밀감은 진짜 친밀감이 아니다. 관계에서 진정한 친밀감을 찾는 데 실패한 이들이 유사-친밀감을 추구한다. 진짜를 얻을 수 없으니 가짜라도 찾는 것이다. 유사-친밀감의 추구는 존재의 이유를 잃은 중년들이 허무함에서 벗어나기 위해 자기중심적 욕구에 집착하게 된다는 뜻이다.[43] 실패한 중년, 즉 개저씨의 주요 특징 중 하나는 자기중심성이다. 다음은 꼰대 6하 원칙이라고 인터넷에 떠도는 글이다.

- WHO 내가 누군지 알아?
- WHEN 나 때는 말이야
- WHERE 어디서 감히
- WHAT 네가 뭔데
- WHY 내가 왜
- HOW 어떻게 나한테

개저씨들의 삿대질이 눈앞에 아른거리는 것 같지 않은가. 이런 어법의 특징은 철저히 자기중심적이라는 데 있다. 실패한 중년의 자기중심성은 버릇없고 자기중심적인 아이들이 떼쓰는 것처럼 말초적인 자극의 추구로 나타난다. 외도, 알코올 중독, 도박 등, 자신의 욕구를 우선적으로 채울 수 있는 행위에 집중하는 것이다. 꼰대 6하 원칙처럼 대인관계에서도 자기중심성이 두드러진다.

이처럼 침체성에 속하게 된 중년은 자신 외에는 어떤 것에 대해서도 관계를 가지지 않는다. 상담심리학자 도널드 캡스는 이 거부감rejectivity의 결과를 냉담apathy으로 본다.[44] 냉담은 거부, 게으름, 무관심, 지겨움을 포함하며 나 외의 다른 이들에 대해 관심을 가질 수 없는 상태를 말한다. 자신의 욕구만 추구하는 중년은 결국 모든 인간관계에서 멀어지고 결국 자신마저 파괴한다. 침체성이 수동적으로 나타나면 희망을 잃게 되고, 능동적인 형태로 발현되면 현실을 왜곡해서 받아들이도록 만든다.[45] 두 경우 모두 지극히 바람직하지 않은데, 우선 침체가 수동적으로 나타나면 어떤 일에도 희망을 찾지 못하고 모든 고립되어 죽음만을 기다리는 삶을 살게 된다.

고독사 통계에서 가장 높은 비율을 차지하는 연령대는 40-50대의 중년층이다. 이 가운데 남성 고독사 사망자의 비율이 압도적이다. 보건복지부가 집계한 2012년부터 2016년까지의 최근 5년간 무연고 사망 통계를 보면 무연고 사망이 가장 많은 연령대는 40,

50대 중년층이었다. 이 기간 중년층 무연고 사망자는 2098명으로, 전체 5183명 중 40.4%를 차지했다. 65세 이상 노년층 1512명에 비하면 39% 많았다. 중년층 가운데서 남성으로 한정해도 차지하는 비율은 35.9%나 됐다. 무엇보다 이 기간 무연고 사망이 늘어난 비율은 64.5%에 달했다. 고독사는 고독한 삶의 결과다. 죽음을 맞기 전 생활 전반에서 사회적 관계가 거의 없는 삶이 죽음으로까지 이어지면 고독사가 된다.

침체성이 능동적으로 발현되면, 자신이 경험한 일들을 자기중심적으로 합리화하여 가장 이상적인 것으로 왜곡시킨다. 내가 하면 로맨스, 남들이 하면 불륜. 남들은 틀렸고 자기만 옳다고 주장하는 전형적인 개저씨의 행태가 이것이다. 자기가 저지른 일이 남에게 피해를 주었어도 자신은 나름 합리적인 판단의 결과라 생각하지만 자기가 피해를 입으면 쌍심지를 켜고 달려든다. 자기는 하지 못하는 일을 다른 이들에게 요구하고 제대로 해내지 못하면 온갖 욕을 쏟아 내지만 자신이 못 하는 것은 어쩔 수 없는 이유가 있기 때문이다. 개저씨는 중년의 위기에 제대로 대처하지 못한 아저씨, 중년의 생산성 대신 침체를 경험하고 있는 아저씨다.

# 영호는 왜 개를 싫어하나

이창동 감독의 1999년 작 「박하사탕」은 한국 현대사의 거친 물결 속에 휩쓸린 한 남자의 이야기다. 영화를 잘 모르는 사람들도 설경구가 철교 위에서 "나 다시 돌아갈래!"라고 처절하게 외치는 장면은 익숙할 것이다. 주인공인 영호(설경구 분)는 구로공단에서 일하는 젊은 청년이다. 이름 없는 들꽃을 찍는 사진가가 되고 싶었던, 첫사랑이 편지에 넣어 보내 준 박하사탕을 하나하나 모으던 순수한 청년은 인생의 질곡을 거치며 점점 '개저씨'로 변해 간다.

식당 종업원의 엉덩이를 쓰다듬고 거래처와의 통화에서 허세를 떨거나, 아내의 불륜에는 폭력으로 대하면서 정작 자신은 회사의 여사원과 당연한 것처럼 맞바람을 피우며 일을 핑계로 가족을 방치하는 나이 든 영호의 모습은 개저씨 그 자체다. 그런데 영호는

「박하사탕」 © 신도필림

개를 싫어한다. 아내가 키우는 개를 걸핏하면 구박하고 걷어찬다. 개에 대한 영호의 증오는 가뜩이나 애정 없는 결혼생활이 더 빨리 파국으로 치닫는 계기가 되었다. 영호는 왜 개를 싫어했던 것일까?

경찰 시절 영호의 별명은 '개'였다. 영호는 민주화 운동을 하다 잡혀 온 대학생들을 고문하는 경찰이었는데, 그가 취조실의 욕조 앞에서 개처럼 으르렁거리면 겁에 질린 대학생들은 울음을 터뜨리곤 했다. 개는 순수한 내면을 가진 영호가 사회에서 맡아야 했던 역할을 위해 뒤집어 쓴 가면(페르소나)이었다. 영호에게 개는 또 다른 자신의 모습이었던 것이다. 영호의 개에 대한 미움과 증오는 곧 자신에 대한 부정이었다. 그러나 부정하고 싶어도 자신은 이미 개가 되어 버린 지 오래다.

자살을 결심한 영호는 마지막으로 이혼한 아내가 사는 집에 들른다. 문도 열어 주지 않고 왜 왔냐고 묻는 아내에게 영호는 '개가 보고 싶어서'라며 발걸음을 돌린다. 개가 보고 싶다는 영호의 말은 그동안 방치했던 아내에게 하는 열없는 변명만은 아니었을 것이다. 죽음을 앞두고 마지막으로 떠올랐을 가족, 그가 마지막까지 보고 싶었던 개는 가족과 함께 있는 자신의 모습이 아니었을까.

영호는 결국 이 시대를 살아온 아저씨들이다. 그들에게도 꿈이 있었고 순수한 마음이 있었다. 그러나 하루하루 힘겹게 살다 보니, 살아 내다 보니 예전의 순수한 청년은 어느새 추레한 개가 되어 있다. 개저씨들은 자신의 모습에 만족할까? 세상 무서울 것이 없는 개저씨들도 자기가 개라는 사실에 만족할 리는 없다.

내면의 자아와 밖으로 드러나는 자아가 일치하지 않으면, 그리고 어떤 계기에서든지 그것을 인식하고 나면, 자아는 혼란에 빠진다. 영호는 그 혼란을 극복하지 못하고 철교에 섰다. 자살만이 분열된 자아에 대처하는 방법이었던 것이다. 현재의 내 모습은 이제까지 내가 해 온 선택의 결과다. 영호에게도 다른 선택의 길이 없지는 않았다. 군에서 제대한 뒤 경찰이 아닌 다른 직업을 선택할 수 있었고, 원치 않는 고문을 해야 했을 때 경찰을 그만둘 수 있었다. 그리고 자신을 기다려 준 순임(문소리 분)에게 돌아갈 수 있었고 들꽃 사진을 찍으며 살아갈 수 있었을 것이다.

그러나 영호는 결국 개로 살아가는 선택을 했다. 물론 시대의 흐름과 사회의 압력에서 개인이 주체적인 삶을 사는 것은 쉽지 않다. 현대 심리학이 밝혀냈듯이, 인간은 외부적 조건과 사회적 영향에서 자유로울 수 없다. 사람들은 왜인지조차 모르고 어떤 선택을 하거나 결정을 내린다. 그리고 결과와 상관없이 나중에는 그러한 선택이 옳았다는 쪽으로 합리화하고 정당화한다. 하지만 정당화를 할 수 있다고 해서 그것이 바람직한 삶이라고 할 수는 없다. 인간이 인간일 수 있는 이유는 자신에게 주어진 외부적 조건과 상황에 순응하지 않고 스스로의 존재의미를 찾아가는 데 있다.

좋은 조건에서 괜찮게 살아가는 건 누구나 할 수 있다. 지하실에 물만 뿌려 놓아도 곰팡이는 잘 자란다. 열악한 조건에서 힘들게 사는 것도 의미는 좀 다르지만 누구나 할 수 있는 일이다. 하지만 실존은 그런 것이 아니다. 실존은 훌륭한 사람이 되는 것과는 거리가 있다. 멋지게, 폼 나게 사는 것도 아니다. 실존은 스스로 찾아낸 살아야 하는 이유를 붙잡고 스스로 존재하는 것이다. 영호는 실존적 주체로서의 삶을 살지 못했고, 분열된 자아에서 비롯된 혼란을 죽음으로 마무리 지을 수밖에 없었다. 자살이야말로 그가 주체로서 내린 최초이자 최후의 결정이었지만 그의 주체로서의 삶은 너무도 짧았다.

살면서 마주쳤던 수많은 선택의 순간, 원했던 원하지 않았던, 아저씨들은 개로서 살아가는 선택을 했고 그 결과는 개저씨라는 지금의 모습이다. 그리고 살기 위해 어쩔 수 없었다고 스스로의 모습을 정당화하며 오늘도 하루하루 살아가고 있다. 개저씨들은 자신의 선택에 만족하고 있을까? 마음에 들지 않는 것을 정당화한다고 해서 곧 현실이 만족스러워지는 것은 아니다. 진짜 뻔뻔한 일부 개저씨들이 아니고서야 자신이 개저씨로 불린다는 사실이 마음에 들 아저씨들은 없을 것이다.

**아저씨들은 지금 불안하다.** 옳다고 믿어 왔던 세월들이, 이제까지 정당화해 왔던 자신들의 모습이 개저씨라는 이름으로 뭇사람들의 경멸의 대상이 되고 있는 것이다. 개저씨들은 혼란스럽다. 그들은 덧없이 흘러가는 세월의 강, 이름 없는 어느 철교 위에서 "나 다시 돌아갈래!"를 외치는 중이다. 그러나 돌아가는 건 불가능하다. TV에는 타임슬립 드라마가 흔하디 흔하지만 인류 역사상 시간을 거슬렀던 이는 존재하지 않는다. 그리고 만에 하나 과거로 돌아간들 과거의 나는 다른 선택을 할 수 있을까?

중요한 것은 현재이고 미래다. 인생이라는 기차는 오직 앞으로만 달린다. 내가 살아야 할 날들과 내가 함께 살아야 할 이들은 지금 그리고 여기 존재한다. 흘러가 버린 과거를 붙잡고 오늘을 흘려 버리는 것은 잘못 살아온 지난날에 대한 반성도 보상도 될 수 없다. 이제 다시 한 번 선택의 순간이 왔다. 지금까지의 삶을 정당화하며 앞으로도 쭉 개저씨로 살아갈 것인가 아니면 스스로의 존재 이유를 찾을 것인가. **기차는 코 앞까지 다가왔다.**

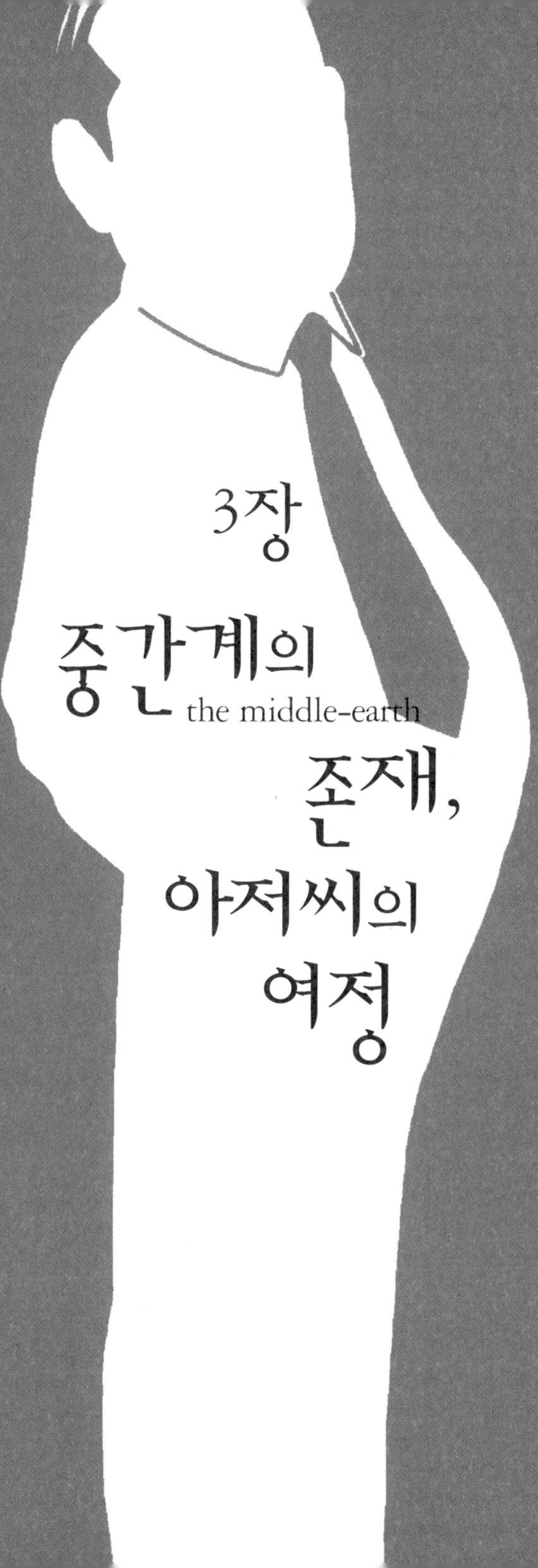

# 3장 중간계의 존재, 아저씨의 여정

the middle-earth

# 새로운 정체성을 찾아서

이제 아저씨는 남은 인생을 어떻게 살아야 할지 다시 고민해야 한다. 중년은 필연적으로 살아가는 이유에 대한 질문에 맞닥뜨리는 때다. 이 질문에 적절한 답을 찾지 못하면 중년의 위기를 극복하지 못할뿐더러 성공적인 노년에 진입하는 것도 불가능하다. 개저씨는 특히, 한국사회에서 중년의 위기를 넘기는 데 실패한 남자들의 자화상이다. 한국에 개저씨로 유형화할 수 있는 이들이 많다는 것은 한국사회에서 중년 남성의 나이 듦에 대한 성찰이 부족했다는 것을 의미한다. 경제 성장과 외형적 성취를 성공의 지표로 여기고 달려온 날들 동안 정작 그들의 내면은 피폐해지고 있었던 것이다.

아저씨로 통칭되는 4, 50대 남성들은 우리 사회의 중추적 역할을 한창 수행 중인 이들이다. 이들의 실패는 결국 대한민국의 실패로 이어질 수밖에 없다. 아저씨들의 변화가 중요한 이유다. 누구에게나 미움받는 개저씨로 외롭고 슬프게 늙어 갈 것인가, 아니면 주위 사람들에게 사랑받고 인정받으면서 새로운 삶을 시작할 것인가. 이번 장은 아저씨의 새로운 정체성에 대한 장이다. 아저씨들이 중년의 위기를 극복하고 새로운 삶의 의미를 찾는 데 도움이 되었으면 하는 바람이다. 여기에는 나이 들어 가는 나 자신에 대한 반성과 성찰이 포함된다. 나 또한 한 사람의 아저씨이기 때문이다.

새로운 미래를 위해서는 현재를 이해하는 것이 우선이다. 『남자의 인생 지도』의 저자 게일 쉬이는 힘든 전환기를 겪고 난 후 자기 점검을 제대로 수행한 이들만이 만족스러운 중년으로 들어설 수 있다고 하였다.[46] 자신의 현재 모습이 마음에 들지 않는다면, 그리고 그것 때문에 힘이 든다면, 그 이유에 대한 정확한 파악과 반성이 필요하다. 그리고 '스스로 변신'을 실행해야 한다. 아저씨들이 혼란스러운 것은 개인의 잘잘못만은 아니다. 나이가 들어가는, 누구나 겪을 수밖에 없는 발달단계상의 과정과 우리 사회에서 남자라면 누구나 지날 수밖에 없는 통과의례들, 개인의 의지 바깥에서 영향을 미치는 사회변화의 흐름들. 아저씨들은 그 한가운데에 서 있다.

가장 시급한 것은 자신이 인생의 어떤 단계를 지나고 있는지 이해하는 것이다. 아저씨는 중년이다. 융은 중년에게 가장 중요한 것은 존재의 의미라 했다. 자신이 누구이며 왜, 무엇을 위해 살고 있는지 아는 것이 중요하다는 것이다. 중년은 그런 것을 잃기 쉬운 때이기 때문이다. 따라서 에릭슨은 중년은 정체성을 다시 정립해 가는 시기라고 생각했다. 청소년기에 정체성을 위해 노력했듯이 중년은 제2의 정체성을 찾아야 하는 시기라는 것이다.[47] 에릭슨의 이러한 생각은『서드 에이지』의 윌리엄 새들러로 이어진다.

새들러는 중년, 곧 서드 에이지는 성인기 초기(세컨드 에이지)에 정착한 삶을 유지하면서 자기실현을 추구하는 때로, 청년기(퍼스트 에이지) 못지않은 성장이 이루어져야 한다고 하였다. 이를 청년기의 1차 성장과 비교하여 2차 성장이라 하는데, 이는 보다 복잡하고 한층 더 깊은 단계에서 이루어지는 성장을 의미한다.[48] 그러나 제2의 성장은 쉬운 것이 아니다. 노화와 성장은 같은 차원에서 생각하기 어색한 개념이다. 더구나 중년은 인생의 귀환불가지점을 통과한 때다. 새로운 시작을 마음에 품는 것조차 용기를 필요로 한다. 젊음은 빛을 잃고 체력은 떨어져 간다. 인지능력도 예전 같지 않고 중년에 대한 사람들의 인식도 우호적이지 않다.

사실 중년이 우리 사회에서 매력적이었던 적은 거의 없었다. 20세기 초중반, 자본주의와 기술의 발달로 한창 성장해 가던 세계의 분위기는 젊음을 옹호하고 중년을 평가절하 하였다. 당시 사람들은 기쁨, 욕망, 희망이 젊은이들에게나 어울리는 말이라고 생각했다. 중년의 이미지는 더 이상 인생을 개척하지 않고 지금까지 만들어 놓은 것에 안주하는 무력하고 추레함이었다. 그리고 그러한 인식은 지금도 상당 부분 이어지고 있다. 하지만 지금은 100세 시대다. 20세기 초반에 만들어진 중년에 대한 인식이 바뀔 때다. 100세 시

대의 진정한 의미는 4, 50대 중년들이 앞으로 50년 가까이 더 살아야 한다는 데 있다.

인간의 평균 수명이 60세를 넘기 힘들었던 시절, 사람들은 20세 전에 형성한 정체성을 바탕으로 이후 40여 년의 인생을 살았다. 평균 수명이 80세를 훌쩍 넘은 지금, 청년기 초반에 그린 자신의 모습으로 60년 이상의 인생을 지속하는 것은 무리가 있다. 더구나 같은 시간 동안 사회 변화의 속도는 과거에 비할 바가 아니다. 따라서, 중년은 다시금 자신의 정체성을 고민해야 하는 시기이다. 청소년기의 정체성 확립이 성인기 초반의 삶의 방향을 결정짓듯이, 중년의 정체성 확립은 이후의 삶이 어떤 방향으로 나아갈지를 결정한다.

그러나 중년의 정체성 찾기는 청소년과는 다르고, 또 달라야 한다. 인생이라는 여정을 시작하는 청소년기와는 달리 중년은 중간적 존재기 때문이다. 아저씨가 존재하는 곳은 모든 세계의 중간, 그야말로 중간계the middle-earth다. 아저씨들은 삶과 죽음, 노년과 청년, 과거와 미래, 직장과 가정, 성공과 실패, 개인과 집단, 선배와 후배, 남성과 여성 사이의 어디쯤에서 살아간다. 그 사이에서 양쪽의 최적의 균형을 맞추어 가는 것이 중년이 자신의 정체성을 찾는 길일 것이다. 아저씨들의 여정은 시작되었다.

# 노년과 청년 사이에서, 젊게 살라는 말의 의미

중년은 억울하다. 더 이상 청춘이 아니라는 것이, 자신이 늙어 간다는 사실이. 『은교』의 노시인 이적요의 한탄—너희의 젊음이 노력해서 얻은 상이 아니듯 나의 늙음도 잘못으로 받은 벌이 아니다—처럼 늙는 것이 내 잘못은 아니다. 그러나 내가 늙어 간다는 것을 깨닫기 시작한 중년이 가장 먼저 해야 할 일은 늙어 감을 받아들이는 것이다. 레빈슨을 비롯한 연구자들은 중년의 심리를 젊음과 늙음의 양극성으로 본다.[49] 늙음의 끝은 죽음이다. 따라서 죽음을 생각하게 된다는 것 자체가 슬프고 우울한 일이다. 그럴수록 젊음을 잃어 간다는 사실을 받아들이기가 더 힘들다. 그래서 내가 나이 들고 있다는 것을 인식하는 순간 사람들은 어려 보이는 것, 젊게 사는 것에 집착한다. 염색을 하고 보톡스를 맞고 젊은이처럼 옷을 입으며, 정력에 좋다면 동물이건 식물이건 가리지 않고 찾아 먹어서 씨를 말리거나 비아그라를 찾는다. 요즘에는 식스팩 성형이라는 것도 있다. 그러나 중년에게 있어 운동을 하고 몸의 기능을 유지하는 것은 병들지 않고 건강하게 나이 들어 가기 위해서지 영원히 청년에 머물러 있기 위함이 아니다. 청년에게는 청년의 할 일이 있고 나이 든 이에게는 나이 든 이의 몫이 있다. 늙어 감을 거부하고 젊음에 머무르려는 시도는 지금, 여기서 내가 해야 할 일들을 놓치게 만든다.

하지만 나이 듦을 받아들인다는 것이 곧 정체와 퇴행을 의미하는 것이라고 생각해서는 안 된다. 여러 발달심리학자들이 지적하듯이 중년 안의 젊음과 늙음이 조화를 이루어야 건강한 삶을 영위할 수 있다. 심리학자 버니스 뉴가튼은 40세에서 90세에 이르는 성인 700명을 조사하여 노화를 경험하는 방식을 8가지 유형으로 구분하였다. 이 중에 성공적인 노년에 도달하는 것은 그녀가 통합적 성격이라 이름 붙인 유형뿐이었다.[50] 통합적 성격을 가진 사람은 자신에게 닥친 노화 및 사회적 역할 변화를 받아들이고 그에 맞게 자신의 생활방식을 재구성하며 적극적으로 변화에 적응하려는 노력을 기울인다. 자신에게 일어나는 변화에 유연하게 대처하는 것이야말로 성공적 노화의 키워드다.

대부분의 사람들은 노화의 두려움에 사로잡혀 사회적 관계에서 위축되어 수동적으로 살아간다. 사람이 나이가 들면서 변화를 거부하는 것은 너무나 자연스러운 일이다. 신체적으로, 사회적으로 감수해야 할 위험이 커지기 때문이다. 변화를 두려워하지 않고 과감하게 도전하는 것은 청춘의 특권이라 여겨져 왔다. 심리학자 엘렌 랭거는 사람들이 나이 드는 과정을 쇠퇴로 느끼는 이유는 "나이가 들면 정신적, 사회적으로 적응력이 떨어진다"고 배웠기 때문이라고 지적한다.[51]

우리 사회에는 50대에는 뭘 하고, 60대에는 뭘 하고 … 등의 확고한 기준들이 존재한다. 이를테면 2, 30년 전만 해도 사람들은 환갑만 넘으면 영정사진을 찍으려 했다. 이제 갈 날만 남았다는 것이다. 이런 연령 기준은 절대적인 생물학적 기준이 아니라 사회문화적인 인식을 따른다. 그러나 인식 속에 굳어진 연령기준은 나이 들어 가는 사람들의 행동을 주저하게 하고 어떻게 나이 들어 갈 것인가 대해 잘못된 방향을 잡게 만든다. 즉, 내가 늙어 가고 있다는 생각에 사로잡혀 변화에 대응하지 못하게 된다는 것이다. 그러나 변화를 받아들이고 새로운 가능성을 찾는 것은 나이와 관계없다. 변화에 대한 유연성이야말로 중년이 유지해야 하는 젊음이다.

하지만 조급해서는 안 된다. 중년은 노인은 아니지만 청년은 더더욱 아닌 나이다. 중년의 성장은 청년기의 성장처럼 직선적으로 이루어지지 않는다. 때로는 앞으로 나아가지만 다음 순간에는 뒷

걸음질을 치게 될 수도 있다. 때로는 위를 향하지만 다음은 내리막길을 걸을 수도 있다. 중년은 그럴 때마다 꺾이고 좌절할 여유가 없다. 해야 할 일도 많고 짊어진 부담도 많다. 중년의 유연성은 이러한 인생의 파도를 두려워하지 않게 해 준다. 바다에서 파도는 당연히 있는 것이다. 제때 타 넘고 피할 줄만 알면 뱃사람이 파도를 두려워할 이유는 없다.

또한, 젊게 산다는 것은 퇴행이 아니다. 중년의 젊음은 성숙해야 한다. 원숙함이 결여된 젊음의 추구는 미성숙한 성인이 보여 줄 수 있는 최악의 꼴불견이다. 나이 들면 애가 된다는 말이 있다. '아이 같다'는 말에는 두 가지 뜻이 있는데, 영어 childlike와 childish의 차이가 이에 해당한다. childlike는 어린아이처럼 순수하다는 뜻이고 childish는 어린애같이 유치하고 미성숙하다는 뜻이다. 어른이, 그것도 중년에 접어든 성인이 어린아이 같다는 말을 들을 때 그것이 미성숙하다는 이야기여서는 곤란하지 않겠는가.

어른과 아이의 차이는 자기중심성의 탈피에 있다. 피아제는 아이들이 또래와의 상호작용을 통해 자기중심성을 벗어난다고 보았다. 사회생활에서 드러나는 개저씨들의 자기중심성은 개저씨라는 인간 유형이 미성숙한 성인 남성의 전형임을 잘 보여 준다. 어린아이는 자신의 만족만을 추구하지만 성숙한 어른은 자신의 만족을 추구하면서도 자신의 행동에 대한 책임과 타인에 대한 배려를 잊지 않는다. 어른은 나 말고 다른 사람의 관점이 존재한다는 것을 알고 있기 때문이다.

젊게 사는 것은 자신의 행복에도 도움이 된다. 인류학자 애슐리 몬터규는 인간발달에 유형幼形성숙Neoteny이라는 개념을 접목하였다. 유형성숙이란 생물학에서 온 개념으로 성인이 되어서도 어렸을 때의 특성을 그대로 유지하는 것을 의미한다.[52] 몬터규는 유형성숙이 중년의 건강한 발달에 적용될 수 있다는 사실에 주목했다. 학습과 놀이에 충실한 유아기가 지나서도 여전히 지식을 갈구하고 놀이에 빠지는 것이 나이가 들어도 건강하고 젊은 정신을 유지하는 데 도움이 된다는 것이다. 어린아이들은 세상 모든 것에 호기심이 넘친다. 잠시도 쉬지 않고 눈을 돌리고 새로운 것을 찾으며 곧 그 즐거움에 빠져든다. 그러나 나이를 먹을수록 새로운 것에 대한 호기심은 점점 줄어든다. 먹고 살기 위해서 꼭 해야만 하는 일들이 늘어나기 때문이다.

어린아이와 같은 호기심을 유지하는 것이 젊게 산다는 것의 핵심이다. 어린아이의 특성이라 할 수 있는 열린 마음, 호기심, 새로운 생각을 시험해 보는 것, 독창성 등은 인간의 성공적인 적응에 기여해 왔다. 특히 중년의 적응에는 내 안의 어린아이가 필수적이다. 융은, '모든 성인들의 삶에는 어린이가 한 명 숨어 있다. 영원한 어린이, 늘 무언가가 되어 가고 있고 그러나 결코 완성되지는 않으며, 끝없이 보살펴 주고 관심을 가져 주고 교육을 시켜 줄 것을 요구하는 어린이가 있다'고 했다.[53] 내면에 존재하는 영원한 어린이란 성인들의 삶에서 배움과 놀이, 배움과 도전의 중요성을 강조하기 위한 표현이다. 융은 내면의 어린이를 일깨우는 것이 궁극적인 성공의 척도이고 삶의 이유라고까지 주장한다.

놀이와 즐거움은 중년을 성공적으로 통과할 수 있게 해 주는 열쇠다. 조지 베일런트는 인생에 가장 성공적으로 적응한 사람들의 특징으로 늘어나는 여가시간을 꼽았다. 여가란 무엇을 하느냐가 중요한 것이 아니라 무엇을 느끼느냐가 중요한 것이다. 삶에서 지속적으로 즐거움을 맛볼 줄 아는 사람이 성공한 인생을 사는 사람이다. 그러나 우리네 아저씨들은 여가에 어둡다. 남자들이 일에만 몰두하는 이유는 물론 일을 해야 가족을 부양할 수 있기 때문이다. 야근에 휴일 근무에… 일하느라 바쁜 남편은, 아빠는 자연히 가족과 멀어지고, 가족과 멀어진 아빠는 일에서 자신의 존재이유를 찾을 수밖에 없는 것이다. 요즘 아저씨들이 게임이나 프라모델 조립, 피규어 수집 등 과거에는 애들이나 하던 것으로 치부되던 취미를 여전히 갖고 있는 것은 매우 바람직한 현상이다. 나이 들어서 삶에 활력이 될 수 있는 활동을 갖고 있다는 것은 정신건강에 큰 플러스 요소다. 물론 가족과의 유대를 유지한 상태에서 말이다.

마지막으로, 중년은 젊은 시절의 강박에서 벗어나야 하는 시기다. 성공해야 한다는, 어떤 기준에 도달해야 한다는 압박에서 벗어날 필요가 있다. 남들의 기준을 따르는 것이 아니라 자신의 삶을 이끌어 갈 스스로의 기준을 설정해야 할 때다. 자신을 완벽한 존재로 보는 것은 해롭다. 인간은 완벽한 존재가 아니기 때문이다. 당연히 아저씨는 슈퍼맨이 아니다. 가장으로서, 아빠로서, 남편으로서, 직장인으로서의 모든 역할에 완벽할 수는 없다. 당신은 모든 사람이 그렇듯이, 잘하는 것은 잘하지만 못하는 것은 못하는 보통 사람이다. 울고 싶을 땐 울고, 털어 낼 것은 털어 내고, 실수도 저지르지만 실수에서 발전할 수 있는 어린아이로 자신을 보는 것이 마음에 자유와 평화를 가져다준다. 어른은 이래야 한다는 고정관념에서 벗어나 어린아이가 되자.

남자는 나이 먹어도 애라는 말이 있다. 남자는 영원히 철들지 않는다는 이야기도 있다. 애들하고 놀아 준답시고 자기가 더 놀이에 빠져드는 남편들을 보며 아내들이 흔히 하는 말인데, 중년을 맞는 이들에게는 매우 훌륭한 자질이다. 여기에 약간의 책임감과 배려만 더하면 말이다.

# 남성과 여성의 사이에서,
# 남성성에 집착하지 말자

남성성은 오랫동안 힘과 권력, 운동능력, 에너지, 자신감, 승부, 도전 등을 상징해 왔다. 거의 모든 사회에서 왜소하고 힘없는 남자보다는 건장하고 힘센 남자가, 조용하고 소극적인 남자보다는 거칠고 적극적인 남자가 긍정적인 평가를 받는다. 인류학자 마가렛 미드가 성 역할이란 문화적으로 학습되는 것이라 주장한 이후부터 남성성과 여성성이란 극복되어야 할 허구로 받아들여져 왔다. 사실 현대사회에서 학습된 성 역할, 성 역할 고정관념들이 적지 않은 폐해를 낳은 것도 사실이다. 그러나 생물학적 성차에서 비롯된 양성 간의 차이는 엄연히 존재하며 여기서 비롯된 성 역할도 완전히 허구라 볼 수는 없다. 최근의 연구들은 남성성과 여성성의 구분은 다분히 진화적 필요에 의해 구축되었다는 사실을 뒷받침한다. 농업혁명이 일어나기 전 인류는 상당한 기간을 수렵·채집을 하며 살아왔는데, 이때 성 역할이 정착하기 시작했다는 주장이다.[54]

남자는 여자에 비해 큰 몸집, 강한 상체의 힘, 물체를 멀리 정확하게 던질 수 있는 능력 때문에 사냥에 훨씬 적합하다.[55] 양성평등이 가장 잘 실현되고 있는 나라 중 하나인 노르웨이도 남자는 사냥, 여자는 채집을 더 선호한다[56]는 사실은 남녀의 성 역할이 오로지 학습에 의해서만 정착한 것이 아니라는 증거가 된다. 진화심리학의 과시가설에 따르면, 성공적인 사냥꾼은 그의 생산성과 사회에 대한 기여 때문에 높은 사회적 지위가 부여된다. 명성과 존경, 이성의 선망의 대상이 되는 것이다.

이제 인류는 더 이상 수렵과 채집으로 살아가지 않지만 이 시대의 자취인 성 역할은 농경사회, 산업사회를 지난 현재에도 남아 있다. 따라서 더 이상 사냥을 하지 않는 현대의 남자들도 여전히 남성성을 추구한다. 남자들은 나이가 들어도 멋진 근육을 갖고 싶어하고, 이성에게 매력적이기 원하며, 사회적 성취를 성공의 중요한 척도로 생각하고, 우두머리 수컷(가장)으로서 자신의 무리를 지키는 것을 이상적으로 생각한다. 그러나 현대사회에서 이러한 남성성은 더 이상 의미를 찾기 어려워졌다. 전통적 남성성이 형성되고 기능해 왔던 것은 인간의 평균수명이 40세를 넘기 어려웠던 시절의 일이다. 수렵·채집시대에 늙고 힘이 떨어진 남자는 효용가치가 없었다. 물론 그때까지 생존할 가능성도 극히 낮았겠지만 말이다.

평균수명이 60세를 넘긴 것은 20세기에 들어서였다. 이후 사람들은 늘어난 수명에 맞춰 새로운 역할을 고민해야만 했다. 1960년대가 되어서야 중년에 대한 관심이 나타났고 1990년대에 노년에 대한 논의들이 본격화된 것은 평균수명이 늘어남에 따라 새로운 역할 모델이 필요했기 때문이다. 이전까지 중년을 지난 이들이란 인생의 전성기를 지나 죽을 날만 기다리는 존재에 가까웠다. 이제 아저씨들은 새로운 역할을 찾아야 한다. 자신의 존재가치를 느낄 수 있으면서도 삶의 의미를 찾을 수 있는 일들 말이다.

아저씨들이 젊은 날을 지배해 왔던 남성성에서 벗어나야 하는 이유는, 첫째, 현대사회에서 중년 이후의 남자들의 역할이 남성성의 발현에 있지 않기 때문이다. 현대사회는 아저씨들에게 힘쓰고 싸울 것을 요구하지 않는다. 또한 자신의 유전자를 퍼뜨리는 생식행위도 40대가 되면 거의 마무리된다. 이성을 유혹하기 위한 남성성도 더 이상은 필요하지 않은 것이다. 20년 가까이 젊어져야 했던 국방의 의무도 40세면 끝난다.

두 번째 이유이자 사실상 가장 중요한 이유는, 중년에는 노화의 결과로 생물학적 남성성이 떨어지기 때문이다. 남성 호르몬 테스토스테론은 공격성, 근육량, 성욕을 포함한 정력 등 우리 사회가 남성성이라 정의한 대부분의 영역에 영향을 미치는데 대략 30대 중반부터 점점 줄어들기 시작한다. 문제는 남자들이 이러한 신체적 남성성의 감소를 자신의 존재가치의 상실로 받아들인다는 것이다. 특히 성 능력은 남자의 자존심에 대단히 큰 부분을 차지하는데, 중년에 성 능력이 떨어지면서 남자들은 급격히 자존감을 잃는다. 자존감이 떨어진 중년 남성들은 성 능력에 집착하게 된다. 성적으로 자신을 인정받고자 하는 것이다. 비아그라를 사고 성기 확대 수술을 받고, 주변의 여성들에게 성적으로 접근하려 한다. 이른바 개저씨들의 성희롱은 이런 식의 자기존재감 확인 욕구에서 비롯되는 것이다.

그러나 이것 역시 바람직한 존재감 확인과는 거리가 멀다. 에릭슨이 말했듯이 중년의 외도는 허무감에서 벗어나고자 유사-친밀감을 추구하는 데에서 비롯된다. 아저씨들이 진짜 친밀감을 추구해야 할 대상은 자신의 배우자다. 소원해진 아내와의 관계에서 친밀감을 통한 존재 확인이 어려워진 이들이 저지르는 행태가 다른 여성들에 대한 성희롱으로 나타나는 것이다. 자신의 지위를 이용하여 딸 같은 여직원을 어떻게 해 보려는 것은 기성세대가 갖춰야 할 관대성에도 한참 어긋나는 짓이다. 중년이 되어 나타나는 자연스러운 변화를 받아들이지 못하면 자기실현에 실패한 채 부정적인 모습으로 늙어 가게 된다. 정작 자신에게 중요한 관계들은 악화되고 갑질이나 성희롱같이 왜곡된 방식의 존재가치 확인은 결국 자기파괴에 이른다.

그렇다면 아저씨들은 남성성의 상실에 어떻게 대처해야 할까. 우선, 사라져 가는 것들에 대해 집착하기보다는 변화한 현실을 새롭게 받아들일 필요가 있다. 남성 호르몬이 줄어들고 여성화되는 것을 슬퍼할 것이 아니라, 한 방향으로 치우쳤던 자기의 균형을 이루는 계기로 삼는 것이다. 융은 인간의 궁극적인 목표는 개성화individuation라고 생각했는데, 풀어 말하자면, 개성화란 진정한 내가 되는 것이며 그러기 위해서는 인정하기 싫거나 존재하는지조차 모르는 자신의 모습까지도 받아들여야 한다는 것이다. 이 개성화의 과정에는 내면에 존재하는 정신체계의 균형이 필수적인데, 양성bisexuality, 즉 남성성과 여성성은 균형을 이루어야 할 대표적인 요소다.

모든 사람은 양성을 지니고 태어난다. 생물학적으로도 남성 호르몬은 여성에게도 분비되며 남성에게도 여성 호르몬이 나온다. 그러나 어떤 쪽의 성이 더 지배적인가에 따라 남성이나 여성으로 결정이 되는 것이다. 융에 따르면, 여성의 경우 남성성이 무의식이 되는데 이것을 아니무스animus라 하고 남성은 여성성이 무의식이 되는데 이를 아니마anima라고 한다. 융은 아니마와 아니무스가 어린 시절 부모와의 경험을 통해서 형성된다고 보았다. 즉 사회화 과정을 통해 지배적 성 역할과 그에 대한 그림자로서의 성적 무의식이 만들어지는데, 사회에서 한 가지 성의 역할만을 강조할수록 다른 쪽의 성은 무의식으로 들어가게 된다. 지배적 성과 잠재된 성의 균형이 맞지 않거나 상대적으로 열세인 성에 대한 균형의 필요성을 느끼지 못하면, 다시 말해 학습된 남성성이나 여성성에 집착하게 되면 신경증neurosis 같은 정신적 위기에 봉착한다.

신경증은 자기분열이다. 엄연히 존재하는 자신의 다른 모습을 부정하기 때문에 나타나는 정신적인 증상인 것이다.[57] 자기가 분열된 상태로 진정한 자기를 찾을 수는 없는 노릇이다. 중년에 나타나는 성 호르몬의 변화는 한 사람 안에 공존하는 양성의 균형을 맞추려는 노력을 시작할 수 있게 한다. 남자들은 사회로부터 남성성에 대한 압력을 받아 왔다. 항상 강해야 하고 감정을 드러내서는 안 되며, 지칠 줄 모르고 일해야 하고 어떠한 어려움에도 지켜야 할 것을 지켜야 한다는 압력 말이다. 또한 남성의 여성성에 대해서는 부정적인 평가가 존재한다. 감수성이 예민하거나 감정을 표현하는 것, 누군가를 돌보고 배려하는 것은 여성적인 행동이라는 것이다.

그동안 많은 남성들은 사회의 요구에 충실해 왔다. 그러나 이제 자연의 섭리에 의해 남성성과 여성성의 균형을 이루게 된 아저씨들은, 젊은 날을 지배해 왔던 남성성의 압박에서 벗어나 비로소 자기실현을 위한 첫 걸음을 뗄 수 있게 된 것이다. 남성성의 상실이 저주가 아닌 축복일 수 있는 이유다.

# 빛과 어둠 사이에서, 감정을 받아들이자

아저씨들이 화를 내는 이유는 자신의 약한 모습을 드러내고 싶지 않기 때문이다. 먹어 가는 나이, 잃어 가는 남성성, 내 자리가 없어질지 모른다는 불안, 그럼에도 불구하고 책임져야만 하는 가족들, 일들… 중년의 남자들을 엄습하는 감정의 정체는 앞서 말했듯이 두려움이다. 무엇인지 파악할 수 없고 사람을 당황하게 하거나 화를 내게 만드는 마음속의 어떤 덩어리들을 콤플렉스라고 한다. 융에 따르면 콤플렉스는 하나의 핵심요소Kernelement를 중심으로 묶여 있는 다양한 심리적 요소들이다. 콤플렉스의 존재는 대개 강한 감정들로 인식되지만 억압 등의 이유로 그 정체가 무엇인지 알기는 어렵다.[58] '남자는 강해야 한다'는 전통적 성 역할 고정관념이나 흔들림 없이 가정을 지켜야 하는 가장의 의무는 아저씨들이 자신의 감정을 파악하고 내면을 이해하는 것을 방해한다. 따라서 아저씨들은 지금 느끼고 있는 감정이 뭔지 몰라서, 혹은 내가 겁에 질려 있다는 것을 숨기기 위해 화를 낸다.

화는 내도 문제, 안 내도 문제다. 아무데서 아무에게나 화를 내면 개저씨가 되고 화가 쌓이면 병이 된다. 곧 화병火病, Hwa-Byung이다. 화병은 한국의 문화적 증후군으로 "분노 증후군anger syndrome"으로 옮길 수 있으며, 증상에는 불면증, 피로, 공황, 곧 죽을 것 같은 공포, 불쾌한 정동, 소화불량, 거식증, 호흡곤란, 심계항진, 일반화된 통증, 상복부에 덩어리가 있는 느낌 등이 포함된다(DSM-IV-TR, 2000).[59] 정신의학에서는 화병의 원인을 감정의 억제에서 기인하는 것으로 추정하는데 특히 분노를 발산하지 못하는 데서 화병이 발생한다고 본다.[60]

50대 남성 우울증 환자가 급증하고 있는 것은 이러한 문화적 배경 때문이다. 전문가들은 50대 남성들의 우울증 환자 수는 관련 통계보다 훨씬 더 많을 것으로 추정하고 있다. 이병철 한강성심병원 정신건강의학과 교수는 "다른 질병으로 입원한 50대 남성 환자들이 불면증과 답답함을 호소해 진료를 해 보면 우울증인 경우가 대부분"이라며 "일하다가 잔소리가 많아지고 우울해지는 현상을 우울증인지도 모른 채 살아가는 이들이 많다"고 설명했다.[61] 아저씨들은 이런 상황을 방치하다가 병을 악화시킨다. 지금 느끼는 감정의 정체를 정확히 모를뿐더러, '우울해서 병원을 간다'는 행위 자체를 남자로서 나약한 모습이라 생각하기 때문에, 불면증이나 두통, 소화불량 등 신체적 이상이 발생한 이후에야 병원을 찾는다. 원인을 몰라 내과, 가정의학과 등 1차 의료기관을 전전하면서 치료는 더 늦어진다. 문제는 이런 정체된 감정을 방치했을 때 남성이 극단적인 선택을 할 가능성이 더 크다는 점이다. 2016년 건강보험공단에 따르면 50대 남성 우울증 환자는 여성보다 자살 가능성이 더 높았다. 보건복지부의 통계에서도 우울감과 불안감 등 정신질환으로 인한 자살자 수는 남성(10만 명당 38.4명)이 여성(10만 명당 16.1명)의 2.4배나 많았다.

50대 아저씨들의 우울한 현재는 40대 아저씨들의 미래다. 우울한 미래가 현실이 되지 않기 위해서 아저씨들은 자신의 감정을 받아들이는 것을 배워야 한다. 자신이 느끼는 감정의 정체를 알고 이를 인정한다는 것은 자신의 내면과 마주해야 한다는 뜻이다. 그러기 위해서 아저씨들은 자신의 감정에 익숙해질 필요가 있다. 즐거우면 웃고 눈물이 나면 울고 화가 나면 화를 내는 게 좋다. 자신의 감정을 느끼고 표현하는 데 익숙해지면 다음에는 느끼고 있는 감정의 정체를 파악하는 작업에 들어가야 한다. 그것은 죽음에 대한 두려움일 수도 있고, 사회적으로 인정받지 못한다는 불안일 수도 있으며, 이렇게밖에 살지 못했다는 자괴감일 수도 있다. 어느 것 하나 쉽게 인정하기 어려운 것들이다. 성장과정에서 겪은 과거의 상처, 사회적 기준에 이르지 못했다는 자괴감, 마주하기 힘들어 기억 저편에 처박아 둔 자신의 치부들은 자신도 모르는 사이에 정신적 성장을 저해하고 감정의 통제를 방해한다.[62]

그러나 중년은 그러한 모습들 또한 자신의 일부이며 자신이 한 선택의 결과들이라는 것을 받아들여야 할 때다. 현실을 인정해야 그 현실을 바탕으로 더 나은 미래를 그릴 수 있기 때문이다. 지난 삶을 돌아보면 과거와 현재의 삶의 의미에 대해서도 다시 생각하게 된다. 최선을 다했지만 아쉬운 점도 있을 것이며 최선을 다하지 못해서 아쉬운 점도 있을 것이다. 이러한 성찰의 결과는 삶의 의미를 재설정하는 데 도움이 된다. 중요한 것은 부정적 감정의 실체들을 외면하거나 억압하지 않고 꾸준히 마주해야 한다는 것이다. 화와 같은 부정적 감정의 원인이 되는 내면의 상처나 마주하기 힘든 치부는, 융에 따르면 그림자shadow다. 그림자는 빛이 비추는 곳의 반대 방향에 생긴다. 우리가 어느 한쪽에만 힘을 쏟을 때 그 반대쪽에서는 그림자로 형상화될 수 있는 것들이 점점 커가기 마련이다. 융은 꾸준한 의식화를 통해 그림자를 자신의 것으로 받아들여야 한다고 하였다. 이러한 과정을 통해 감정을 인지하고 다스리는 방법을 배우고 무의식과 의식을 통합하여 나아가 진정한 자기를 만나는 길에 다가가게 된다.

감정의 실체를 알았다면 이제는 그것을 다스릴 차례다. 무조건 감정을 억제하는 것과 감정을 통제하는 것은 다르다. 감정을 억제하면 정체된 감정이 몸과 마음에 부정적 영향을 미치지만 감정의 통제는 사람들이 옳은 결정을 하도록 도와준다. 다행히, 인간의 뇌는 나이가 들면서 감정을 좀 더 잘 통제하도록 변화한다. 예를 들어 부정적 자극에 민감하게 반응하는 편도체는 나이가 들수록 부정적인 것들에 덜 반응한다.[63] 이는 우리가 부정적인 것보다 긍정적인 것에 더 주의를 기울이고 더 잘 기억하게 만든다. 뇌가 의식하기도 전에 거의 자동적으로 긍정적인 것을 강조하고 부정적인 것을 제거하는 것이다.

젊은이들의 뇌는 부정적인 쪽에 초점을 맞춘다. 살면서 조심해야 할 것(부정적인 것)에 대해 배울 필요가 있기 때문이다. 뇌가 나이가 들수록 긍정적인 쪽에 초점을 맞추도록 변화하는 것은 남은 시간이 줄어들고 있음을 지각하고 감정적 안정을 유지하는 것이 중요해지기 때문이 아닌가 한다. 한편으로 사물의 긍정적인 면을 보고 긍정적 감정을 느끼려고 노력하면 분노는 점차 통제할 수 있는 감정이 되어 간다. 감정을 통제할 수 있다는 것은 지혜로워진다는 의미다. 연구에 따르면, 명백히 부당한 장면에서 젊은 사람들은 분노로만 반응하는 데 반해, 나이 든 사람들은 분노와 동시에 슬픔을 드러내었다.[64] 경험에서 얻은 지혜는 사람들을 세상사에 대해 복잡하고 미묘하게 반응하게 함으로써 대응속도를 늦추고 충동적 행위를 억제하도록 만든다. 옳은 결정을 내릴 확률이 커지는 것이다.

물론 모든 사람들이 나이 먹는다고 지혜로워지는 것은 아니다. 모든 사람이 나이 들수록 지혜로워진다면 개저씨, 꼰대 같은 말은 존재하지 않았을 것이다. 효암학원 이사장 채현국 옹(84세)은 뉴스타파와의 인터뷰에서 "늙으면 지혜로워진다는 건 거짓말입니다. 농경시대의 꿈 같은 소리입니다. 늙으면 뻔뻔해집니다"라고 말했다. 나이와 지혜가 비례하려면 다음의 조건이 반드시 충족되어야 한다.

# 나와 다른 사람들 사이에서, 관대성의 발견

꼰대 6하 원칙을 다시 살펴보자. '나 때는 말이야', '내가 누군지 알아?' 등 개저씨들이 말끝마다 붙이는 말의 공통점은 지독할 정도로 자기중심적이라는 데 있다. 에릭슨이 지적했듯이 이러한 자기중심성은 실패한 중년의 특징이다. 삶의 의미를 찾지 못한 중년은 허무함과 상실감에 몸부림치다가 자기충족적인 욕구들에 집착하게 되는데 끝내 이를 극복하지 못하면 일체의 인간관계를 거부하는 단계에 도달한다. 앞서 살펴본 것처럼, 고립되어 잊혀지든가 개저씨처럼 철저히 자기위주의 인간이 되는 수밖에 없다. 중년의 역할은, 원하든 원하지 않든, 미래의 세대를 돌봐야 하는 것이다. 중년이 이 일을 맡지 않는 사회는 쇠퇴하여 소멸할 수밖에 없다. 한 사회의 미래가 될 청년들이 희망을 갖지 못한다는 것은 거의 전적으로 그들을 제대로 키워 내지 못한 중년의 책임이다. 우리 사회의 요소요소에서 중추적 역할을 맡고 있는 아저씨들은 결코 이 책임에서 벗어날 수 없다. "나 때는 이랬는데 요즘 젊은 것들은~" 이라는 말은 스스로의 무능을 만천하에 드러내는 것과 다름없는 일이다.

관대성generativity은 중년이 수행해야 하는 이 역할에 적절한 답을 찾은 이들이 갖게 되는 덕목이다. 쉽게 말해, 관대성이란 기성세대가 후속 세대에 대해 보이는 관심과 배려를 의미한다. 관대성은 특히 중년들에게 자신의 인생을 장기적으로 바라보고 설계할 수 있게 해 준다.

인류학자 데이빗 길모어는 관대성은 보호자, 공급자, 생식자의 의미를 갖는다고 보았다. 인류의 역사상, 이전 세대가 후속 세대에 대한 사랑과 환경에 적응할 기술들을 잘 전수하지 못한 부족은 자라나는 세대가 조상들이 만들어 놓은 모든 창조적인 것을 파괴했다.[65] 자녀들은, 후배들은 부모나 선배를 보고 배운다. 부모와 선배가 바람직한 모습을 보여 주지 못했는데 그 자녀와 후배들이 만들어 갈 세상이 아름답기를 기대할 수는 없는 것이다.

에릭슨에 따르면, 관대성에는, 생식procreativity, 생산성productivity, 창조성creativity의 차원이 있다.[66] 첫째, 생식은 말 그대로 자식을 낳고 기르는 것을 의미한다. 자기 자식에 대한 돌봄이 우선이지만 여기에는 사회와 구성원들 간의 관계의 중요성이 포함되며, 우리 모두의 후손에 대한 관심과 배려를 의미하다. 이를테면, 우리가 아동학대에 함께 분노하거나 어떤 학교 근처의 유해시설에 대해서 목소리를 내는 이유는 이 관점의 관대성의 발현이다. 내 아이를 낳아 기르며 생겨난 미래 세대에 대한 관심이 이웃과 사회에 대한 참여로 이어지는 것이다. 둘째, 생산성은 자신의 사회적 생산물을 뜻한다. 중년은 자신이 활동하는 분야에서 배운 지식이나 기술이 절정에 이를 때다. 그러한 능력과 경력을 오로지 자신의 성공과 성취를 위해서만 사용할 수도 있지만, 다른 이들에게 관심을 갖는 중년들은 사회에 갓 진출한 후배들을 보며 그들에게 도움이 될만한 가치 있는 결과물들을 남기고 싶다는 생각을 하게 된다. 셋째, 창조성은 더 나은 미래를 위한 새로운 아이디어와 같은 이상과 꿈을 다른 이들에게 전하는 것을 의미한다. 그간의 경험을 토대로 인생의 중반에 우러나오는 생각들은 매우 창조적일 수 있다. 중년이 사회에 기여할 수 있는 가장 가치 있는 일은 이러한 창조적 아이디어들을 바탕으로 미래 세대가 마음껏 활동할 수 있는 기틀을 만드는 것이다.

타인에 대한, 사회에 대한 배려는 중년의 건강한 삶에 중요한 요소이기도 하다. 존 스튜어트 밀은 자서전에서 다른 이들을 위한 삶을 사는 사람이야말로 진정 행복한 사람이라고 주장하였다. '그들은 자기 자신의 행복보다 다른 대상에게 온 마음을 쏟는다. 타인의 행복이나 인류의 진보에 집중하며, 예술이나 학술적인 연구에 있어서도 그 자체를 수단이 아닌 이상적인 목적으로서 추구한다'.[67] 중년에 대한 여러 연구에서, 만족스러운 중년을 보내고 있는 대다수의 사람들은 그 어느 때보다 다른 이들에 대한 연민과 배려, 이타성을 경험했다고 보고하고 있다.

그러나 누군가를 배려하고 보살핌을 베푼다는 것이 오로지 타인만을 위해 살아야 한다는 것을 의미하지는 않는다. 그것은 종교의 영역이다. 달성할 수 없는 목표를 설정하고 그에 미치지 못했다고 괴로워하는 것은 현명한 일이 아니다. 중년에는 타인을 배려하고 보살피는 것 못지않게 자신에 대한 관심도 중요해진다. 중년, 특히 아저씨들은 가족과 직장을 위한 삶을 사느라 정작 자기 자신은 돌아볼 여력이 없는 경우가 많다. 아저씨들이 짊어진 가장이라는 굴레와 중간관리자라는 직책이 그들을 그렇게 만든다. 이미 온 힘을 다해 남들을 위해 살고 있는 사람들에게 더더욱 남들을 위해 살라는 것은 잔인한 말이다. 중년 남성의 어두운 이면(그림자)인 개저씨들의 지독한 자기중심성은 그들에게 지워진 의무가 결코 가볍지 않기에 불거져 나오는 모습일지도 모른다.

남을 위해 살아야 하는 시간이 커질수록 자신을 위해 써야 할 시간도 중요해진다. 『서드 에이지』의 윌리엄 새들러는 자신에 대한 배려를 중년기에 반드시 갖추어야 할 덕목에 포함시키고 있다.[68] 적절한 이기심은 진정한 자신의 모습을 찾는 데도 도움이 된다.[69] 이웃과 사회, 그리고 미래에 대한 관대성은 단단하고 바른 자신의 모습에서 비롯된다. 나 자신을 잃고 도리나 의무에 짓눌리는 것은 진정한 배려라 하기 어렵다. 가장의 무조건적인 희생을 딛고 선 가족의 행복은 있을 수 없고, 조직원들의 무조건적인 헌신으로 일군 조직의 성취는 비난받아야 한다. 자신의 삶에 의미를 갖고 자신의 삶을 추구하면서도 모든 사람들이 행복해지려면 타인에 대한 배려는 자신에 대한 배려와 조화를 이루어야 하는 것이다. 자신을 사랑할 수 있어야 남을 사랑할 수 있다는 말이 있다. 성경의 '네 이웃을 내 몸같이 사랑하라'는 가르침의 진짜 의미는 이것일 것이다.

# 세대와 세대 사이에서, 새로운 아빠 상을 만들자

다음은 몇 년 전 화제가 되었던 초등학교 2학년 학생의 「아빠는 왜?」라는 시다.

엄마가 있어 좋다
나를 이해해 주어서

냉장고가 있어 좋다
나에게 먹을 것을 주어서

강아지가 있어 좋다
나랑 놀아 주어서

아빠는 왜 있는지 모르겠다

2015년 OECD조사에 따르면 한국 아빠들의 육아시간은 하루 평균 6분이다. OECD국가들의 평균은 47분이고, 스웨덴은 무려 5시간에 이른다. 이것만 보면 한국 아빠들이 육아에 전혀 관심이 없는 것 같지만 실상은 그렇게 간단한 문제가 아니다. 일단 아빠들은 아이와 보낼 시간이 없다. 퇴근 시간은 밤 10시를 넘기 일쑤다. 2016년 기준으로 한국의 근로시간은 연 2069시간, OECD 34개국 중 2위다. OECD 평균 1764시간보다 305시간이 많다. OECD 국가보다 주당 5.8시간을 더 일하는 셈이다. 아빠가 집에 돌아오면 아이는 잠잘 준비를 하거나 이미 자고 있을 시간이다. 이래서는 아이와 놀아 주기는커녕 얼굴 볼 시간도 변변히 없다.

볼 일이 없으니 아빠의 존재감이 없는 것은 당연하다. 그럼에도 아이와 시간을 보내려는 아빠들은 시간이 날 때 아이에게 최대한 많이 해 주려고 한다. 아이를 옆에 앉혀 놓고 좋은 이야기, 도움될 이야기도 해 주고, 주중에도 가끔씩 문자와 전화로 관심을 표한다. 그런데 아이들 입장에서는 이게 간섭이다. 친하지도 않은데 얼굴 맞대고 앉아서 훈계나 듣고 있자니 아무리 좋은 말을 해 준들 귀에 들어올 리 없다. 아이들이 표상하는 아빠의 모습은 잘난척 대마왕, 잔소리왕이다. 아이는 아빠와 놀고 싶은데 아빠는 아이의 목소리를 들어 주지 않는다. 아이들은 할 말이 있으면 엄마에게 달려가지 아빠를 찾지는 않는다. 엄마가 아빠 통역사 역할을 하는 집안이 한두 집이 아닐 것이다.

지금 아버지들은 대개 자신들의 아버지들과 별로 안 친하다. 개발시대를 사셨던 우리의 아버지들은 열심히 일해서 식구들을 벌어 먹이는 것을 가장의 유일한 책임으로 아셨던 분들이다. 그분들의 덕으로 우리는 좋은 조건에서 살 수 있었고 많이 배울 수도 있었지만, 아버지는 늘 바빴고 자식이나 집안일에는 별 관심이 없었다. 나와 비슷한 나잇대의 남자들은 아버지와의 좋은 기억이 그다지 많지 않다. 경제적 지원으로 항상 우리를 지켜 주셨던 아버지의 든든함과는 별개로 말이다.

문제는 이런 관계가 지금도 이어지고 있다는 점이다. 나를 포함해서, 많은 아저씨들은 자기 자식에게는 자기 아버지처럼 하지 않겠다는 다짐을 했을 것이다. 자상한 아버지, 함께 공을 차고 뒹구는 아버지, 사랑을 표현하고 마음을 읽어 주는 아버지가 되고 싶었을 것이다. 그러나 지금 같아서는 우리 아버지들과 다를 게 없다. 이제는 새로운 아버지상을 찾을 때다. 과거의 아버지는 부양자였다. 부양자의 역할은 가족을 위해 경제적 책임을 지는 존재다. 돈을 벌어 왔다는 부양의 책임을 다한 가장은 권위를 가지고 가족 위에 군림할 수 있었다. 그러나 미래의 아버지는 양육자여야 한다. 아이가 자라는 데 돈이 중요한 것은 사실이지만 그것이 전부는 아니다. 아이는 엄마가 필요한 것만큼이나 아빠도 필요하기 때문이다. 새 시대의 아빠는 같이 놀고 이야기할 수 있는 친구 같은 아버지여야 한다.

아이와 친한 아빠가 되는 것은 게임을 잘 하게 되는 것과 비슷하다. 게임에서 고렙[高level]이 되려면 많은 시간과 노력을 투자해야 하는 것처럼 육아도 많은 시간과 경험이 필요하다는 뜻이다. 아저씨들이 아이들과 친하지 않은 것은 그들과 보낸 시간이 절대적으로 부족하기 때문이다. 세상에 레벨업노가다를 하지 않고 고렙이 될 수 있는 게임은 없다. 그러나 그것이 전적으로 아저씨들의 책임은 아니다. 우선, 아빠에게 시간을 줘야 한다. 이것은 우선적으로 사회의 책임이다. 근로시간 단축, 유연근무제나 정시퇴근의 법제화 등, 최소한 7시부터는 가족과 시간을 보낼 수 있도록 회사와 국가차원의 협조가 필요하다. 밤 11시에 퇴근하면서 좋은 아빠가 될 수 있는 방법은 없다. 또한 아버지들에게 지워진 부양의 의무도 어느 정도 덜어 줄 필요가 있다. 부양의 책임 위에 양육자로서의 책임까지 더해지는 것은 현재와 같은 상황에서는 무리다. 적어도 부양의 책임 때문에 아이에게 다가갈 시간마저 빼앗기는 일은 없어야 한다.

하지만 그런 사회적 장치가 마련될 때까지는 아빠의 노력이 뒤따라야 하는 것은 물론이다. 바쁘겠지만, 집에 돌아오면 쉬고 싶겠지만, 아빠는 아이와의 시간을 최대한 확보하도록 해야 한다.

아직도 육아를 엄마의 몫이라 생각하고 자신은 도와준다고 생각하는 아빠들이 있는데 그것은 아빠가 돈 벌고 엄마는 온전히 가사와 육아를 맡던 가부장 시대의 생각이다. 엄마들의 경제활동과 별개로 육아는 부모가 함께 해야 하는 일이다. 아이와 친한 아빠가 되고 싶다면 다시 생각해 보아야 할 문제다. 아이가 잠들기 전에 퇴근했다면 목욕이라도 시켜 주고 잠자리에서 책이라도 읽어 주자. 주말에는 하루만이라도 아이와 시간을 보내 보자. 가까운 곳으로 소풍을 가도 좋고 동네 공원에서 공놀이를 해도 좋다. 간만에 아이와 보내는 시간이라 해 주고 싶은 이야기가 많겠지만 이때는 아이들의 말을 들어 주는 것을 우선으로 하자. 아이들이 원하는 것은 세상을 사는 지혜가 아니라 아빠 그 자체다. 일에 지쳐 피곤하고 쉬고 싶겠지만 그 정도의 노력도 기울이지 않으면 모 광고에서처럼 아이의 입에서 '아빠, 또 놀러 오세요' 소리가 나오는 것은 시간문제다.

아빠와 아이가 친해야 할 이유는 또 있다. 좋은 아빠와 아이의 관계는 사회로 이어진다. 아빠와 아이의 신뢰는 신뢰 있는 사회의 바탕이 되며, 아빠의 육아 참여로 안정된 아이는 지적 발달도 빠르다. 또한 아이는 아빠에게 여러 가지 지식과 기술을 이어받아 자신이 이끌 새로운 시대의 주역이 된다. 태어난 뒤 처음 5-7년 동안 자식에게 헌신하는 아버지 밑에서 자란 개인은 다른 사람들의 본질과 신뢰성에 대해 전혀 다른 종류의 기대가 발달한다. 다른 사람들을 믿고 의지할 수 있다고 생각하며 그러한 관계가 지속될 것이라 기대하는 것이다.[70] 아버지와의 친밀감은 아이의 정서적 안정감으로 이어진다.[71] 정서적으로 안정된 아이는 낯선 상황에서도 두려워하지 않으며 다른 이들과도 원활하게 관계를 맺을 수 있다. 아빠와 나눈 대화들은 아이의 표현력과 어휘 증가에 도움이 되기도 한다.

아빠에게는 엄마에게서 배울 수 없는 것들을 배울 수 있다. 이를테면 아빠들은 몸으로 직접 부딪치며 놀아 주는데, 엄마들은 위험할까 봐 못 하는 짓(?)들도 과감하게 저지른다. 그런 경험들이 아이들에게는 매우 중요하다는 증거들이 많다. 관계중심적인 엄마들과는 달리 과업중심적인 아빠들과 놀면서 아이들은 일(놀이)의 우선순위와 절차, 문제를 해결하는 방법 등을 배울 수 있다. 엄마들은 아무래도 내 아이의 안전이 우선일 수밖에 없다. 친구와 싸우고 우는 아이를 보면 내 아이 다친 데 없나를 먼저 확인하게 되는 것이다. 그러나 아빠들은 다르다. 쓱 봐서 크게 다친 데가 없으면 왜 싸웠고 다음에 안 싸우려면 어떻게 해야 하는가를 가르친다.

또한 대부분 직장에서 일하고 있는 아빠들은 아이들의 미래 사회생활에 대한 롤모델이 될 수 있다. 아빠의 일에 대한 이해를 바탕으로 아이들은 사회를 움직여 가는 법을 배우기도 하고 자신도 나중에 아빠 같은 어른이 되어야겠다는 꿈을 키우기도 한다. 자식은 부모의 미래요, 이 사회의 미래다. 부모는 제 자식의 부모에 그치지 않고 그들이 살고 있는 사회의 과거와 현재를 잇는 존재인 것이다. 여기서 아빠의 역할이 빠져서는 안 되지 않겠는가.

# 일과 가정의 사이에서, 아내와의 관계가 중요하다

중년은 또한 배우자와의 관계를 재정립해야 하는 때다. 윌리엄 브리지스는 저서 『내 삶에 변화가 찾아올 때』에서 중년의 위기를 오디세우스의 귀향으로 비유하였다.[72] 트로이 전쟁에서 승리한 다음 오디세우스는 고향 이타케로 떠나지만 그 길은 순탄치 않다. 항해를 방해하는 바람, 풍랑과 난파, 듣도 보도 못한 괴물들. 온갖 고난을 겪고 고향에 도착한 것은 출발한 지 20년의 세월이 흐른 뒤였다. 트로이 전쟁에서의 승리는 초기 성인기의 성취를 의미한다. 하지만 일에서의 성취는 삶의 여러 모습 중 하나일 뿐이다. 전쟁터는 집이 될 수 없다. 집에 돌아가기 위한 고난 속에서 오디세우스는 정체성의 가혹한 변화를 겪는다. 그 결과, 일국의 왕으로서의 지위도, 승리한 장군으로서의 권위도, 자신을 따랐던 수많은 부하도, 끝까지 자신을 지켰던 자부심도 모두 잃은 오디세우스가 결국 도달한 곳은 아내의 옆자리였다.

이 비유는 남자들이 방황하는 동안 아내는 가정을 지켜야 한다는 뜻이 아니다. 남자들의 사회적 성취는 반드시 가정에서의 삶과 조화를 이루어야 한다는 의미이며 그러기 위해서는 가정의 또 하나의 주체인 아내와의 관계가 핵심적이라는 뜻이다. 돌아온 오디세우스도 아내에게 바로 인정받지 못하고 아내가 낸 까다로운 시험들을 통과해야만 했다. 시련 끝에 얻어 낸 성숙한 부부관계가 주는 것은 중년 이후의 정신적 안정이다. 이를 바탕으로 사람들은 인생의 또 다른 시기를 맞이할 준비를 할 수 있는 것이다.

한국의 아저씨들에게 아내는 어떤 존재일까. 밥해 주는 사람? 애들 엄마? 한국의 전형적인 남편의 이미지는 무거운 짐을 아내에게 들리고 저만치 앞서 걷는 무뚝뚝한 뒷모습이다. 그런데 그게 전부가 아니라는 가능성을 엿볼 수 있는 연구가 있다. 2017년 3월에 발행된 노인학저널the Journals of Gerontology에 따르면 한국 남자들은 배우자를 잃은 슬픔을 가장 크게 느끼는 것으로 나타났다. 미국 미시간대 아푸르바 자다브 교수팀이 2002-2013년 사이 한국과 미국, 영국, 유럽, 중국의 55세 이상 고령자 2만 6835명을 대상으로 한 연구의 결과다.[73] 아내 사별 전후 한국 남자들의 우울감 증가 폭은 미국, 영국, 중국, 유럽 등지와 비교할 때 최대 2.9배의 차이를 보였고, 또한 한국 남자는 사별 2년 후에 우울감이 최고치를 보인 이후에도 우울감이 가라앉지 않았다. 이 연구의 결과에 따르면 한국 남자들은 배우자의 죽음에 가장, 또 오래 슬퍼한다고 볼 수 있다. 무뚝뚝한 한국남자들에 대한 인상과는 영 부합하지 않는 결과다. 여기서 짐작할 수 있듯이, 한국 남자들이 아내에게 갖고 있는 속정의 깊이는 매우 크다. 그렇게 아내를 사랑하면 좀 표현하지 그랬냐고 할 사람도 있겠지만 감정 표현display rule은 문화적으로 학습되는 것이다. 함부로 감정을 드러내서는 안 된다고 교육받아 온 한국 아저씨들이지만 아내에 대한 애정이 없다고 생각할 수는 없는 것이다.

한국 남성들의 아내에 대한 속정은 전통적인 모자 관계에서 비롯되는 듯하다. 한국 문화는 아들과 어머니 사이의 관계가 유난히 돈독한데, 이 관계가 결혼 후 아내와의 관계로 대체되는 것 같다. 정신역동이론의 한 갈래인 대상관계이론에 따르면, 사람들은 과거에 가졌던 초기의 인간관계(대개 어머니와의 관계)를 내면화하고 다른 이들과의 관계에서 그것을 투영하려 한다.[74] 여러 해외 학자들이 언급한 유난한 한국 어머니들의 사랑은 아이들에게 절대적인 사랑과 안정감의 원천이 되었을 것이고, 이러한 점은 과거의 사회문화적 배경에서 특히 남자아이에게 강하게 각인되었을 가능성이 크다. 알다시피, 가까운 근래까지 한국은 남아선호사상이 남아 있었고 여성의 사회진출이 제한된 상황에서 어머니들은 아들을 낳아 그 아들을 출세시키는 것으로 자신의 존재가치를 증명해야 했다. 이런 배경에서 어머니들의 아들에 대한 사랑은 각별했을 것이고 한국 남자들이 어린 시절 어머니에게 느꼈던 애정과 안정감을 아내에게서 추구하는 것은 당연해 보인다. 한국 남편들은 결혼 후, 아이처럼 아내에게 의지한다. 한국 아내들이 결혼 후에 '애 하나 더 키우는 기분'이라고 말하는 데는 이유가 있다.

그러나 이런 관계가 꼭 바람직하지만은 않다. 무엇보다 아내는 남편의 엄마가 아니기 때문이다. 부부는 서로 간의 책임에 의해 성립되는 관계다. 아무리 둘 사이의 사랑이 충만해도 한쪽이 일방적으로 기대기만 한다면 다른 쪽은 쉽게 지칠 수밖에 없다. 그럼에도 한국 남자들이 아내에게 마음껏(?) 기대는 또 하나의 이유는 자신이 가장으로서의 책임감을 다했다는 데 있다. (제 앞가림 못 하고 아내 등쳐 먹고 사는 이들은 논외로 하자. 그건 개저씨도 아니고 그냥 개다.) 즉 남자가 가족을 부양하는 한 나머지 일들을 아내에게 맡기는 것은 당연하다고 생각하는 것이다. 이것이 가부장적 질서다. 가장은 경제활동을 함으로써 가족을 책임지고 아내는 가장의 내조를 비롯한 가사를 책임진다. 그러나 현대 한국은 가부장 사회가 아니다. 돈을 버는 것은 더 이상 남편만의 책임이 아니며 아내가 부양의 의무를 나누는 한 가사의 책임은 남편에게도 돌아가야 하는 것이다.

부부의 일은 당사자들이 알아서 한다지만 직장을 갖고 사회생활을 하는 아내 혼자 가사와 육아까지 전담해야 한다는 생각은 확실히 시대에 뒤떨어진 생각이다. 또한 서로의 의무를 다했다고 저절로 바람직한 부부관계가 되는 것은 아니다. 눈만 마주쳐도 불이 붙는 신혼이 지나면 결혼생활의 대부분은 현상유지가 관건이다. 매일 똑같이 반복되는 일상에서 지쳐 가는 것은 어느 한쪽만이 아닌 것이다. 부부의 사랑과 신뢰는 지속적인 감정의 교류와 상호 이해가 뒷받침되어야 가능하다. 한국 남자들이 속정은 깊지만 아내들이 그것을 느끼지 못하는 이유는 부부간에 감정의 교류가 부족하기 때문이다. 감정을 드러내는 데 익숙지 않고, 또 감정을 드러내는 것을 흉으로 여겼던 전 세대의 남편들은 가장의 책임을 오직 경제적인 측면에서만 찾았다. 가족을 지키기 위해서, 가족의 행복을 위해서 밤낮없이 일했지만 정작 가족과는 함께하지 못했다. 이제 아저씨들 자신을 위해서도 그런 시대는 끝나야 한다. 처자식을 위해 돈 버는 것이 자랑스럽다면 처자식과 함께하는 행복도 맛봐야 하지 않겠는가.

그러나 아내와 다시 가까워지는 것이 쉬운 일은 아니다. 육체적 사랑을 바탕으로 한 신혼의 로맨틱한 부부관계는 중년의 생산성이 극대화되면서, 다른 말로 일에 치이고 육아에 치이면서 변화할 수밖에 없다. 퇴근은 늦고 몸은 피곤하다. 날이 갈수록 대화가 줄고 공유하는 것들이 적어진다. 2017년 하반기에 방영된 「고백부부」는 부부의 이러한 일상을 눈물날 만큼 잘 묘사하고 있다. 아이를 옆에 끼고 달래며 물에 말은 밥을 허겁지겁 삼키는 아내의 일상과 회사에서 '개만도 못한 취급 당하면서' 분투하는 남편의 일상, 그 결과 멀어진 두 사람의 관계는 그들의 잘못이 아니다. 하지만 그럴수록 부부 사이의 감정의 공유와 대화는 중요하다. 아이들이 크는 동안 부부는 아이들이라는 공동의 적(?)이 있어 힘을 합칠 수 있지만, 아이들이 커서 부모의 손을 떠나고 나면 부부가 공유하

는 것은 정말로 적어질 수밖에 없다. 퇴직한 이후에 남편은 상실감과 무력감으로 우울해지고 잃어버린 존재 이유를 되찾기 위해서 아내와 가족들에게 더 권위적으로 행동하는 경향을 보이는데, 가뜩이나 정서적 교류와 공감대가 없는 상황에서 남편의 이런 식의 행동은 고립을 가져올 수밖에 없다.

윌리엄 새들러는 마흔 이후 결혼 생활에 대해 다음과 같이 조언한다.[75] 첫째, 부부는 공감대 형성에 힘써야 한다. 이것은 내 일이고 저것은 네 일이라는 생각은 부부간의 벽을 세운다. 어떤 일이 있을 때, 남편들은 말한다고 해결될 문제가 아니라서, 해결할 수 없을 바엔 아내에게 굳이 골칫거리를 주지 않으려고 말을 하지 않는다. 때로는 가족을 지켜야 한다는 생각이 입을 닫게 할 수도 있다. 가장이 흔들리면 가족 모두가 흔들릴 수 있으니 말이다. 그러나 말을 하지 않는 것은 문제를 더 키운다. 말한다고 문제가 해결되지는 않겠지만 말을 하면 적어도 누가 어떤 문제를 갖고 있는지는 알 수 있다. 해결은 그다음에 생각할 문제다.

사실 대화 자체가 꼭 문제가 있어야만 하는 것이 아니다. 대화는 감정을 나누고 상호이해의 폭을 넓히기 위해 필요하다. 부부가 어떤 말이든 나눌 수 있는 편안한 분위기가 되려면 평소에 아주 작은 일이라도 서로 나누는 습관을 가져야 한다. 그러다 보면 서로를 소중하게 생각하고 존중하는 마음도 커지고, 서로가 하고 있는 일에 대해 고마운 마음도 들게 마련이다. 둘째, 서로의 개성과 독립성을 존중하는 것이 필요하다. 부부이기 때문에 어려운 것이 또 이것인데, 부부는 일심동체라고 하지만 엄연히 개성을 가진 두 사람이기 때문이다. 오래 산 부부일수록 각자의 영역을 인정할 줄 알아야 한다. 부부는 가뜩이나 함께 움직여야 할 일이 많다. 그럴수록 최소한 휴식이나 취미의 영역에서만큼은 자신의 독립성을 보장받을 필요가 있다. 그러나 독립적이란 말은 무관심하다는 것과는 다르다. 서로의 자유를 긍정적으로 바라보고 존중하지만 서로에 대한 관심의 끈은 놓치지 않는 균형의 힘이 필요하다.

# 과거와 현재 사이에서,
# 지식을 업데이트하자

청년들이 아저씨들에게 거부감을 갖는 이유 중 하나는 그들의 의사소통 방식에 있다. 일방적인 지시, 인격모독, 내로남불, 자기자랑으로 요약되는 개저씨들의 의사소통의 특징은 공감의 부재다. 대화를 나누는 상대방과의 공감은 의사소통의 전제조건이다. 공감이 빠진 대화는 문자 그대로 지시와 복창에 불과하다. 하물며, 듣는 이의 인격을 모독하는 인신공격에, 책임은 회피하고 후배의 아이디어를 가로채는 뻔뻔함까지 더해지면 조직은 더 이상 제대로 기능할 수 없을 것이다. 한국 조직의 문제로 빠짐 없이 언급되는 높은 퇴직률과 노동시간 대비 낮은 생산성 등은 상당 부분 이러한 의사소통의 부재에 원인이 있다고 생각된다.

아저씨들은 억울하다고 생각할지 모른다. 아저씨들이 후배들에게 하는 이야기의 대부분은 그들의 사회적 위치 때문이다. 대부분의 조직에서 중간 관리자에 해당하는 아저씨들은 조직의 요구를 구성원들에게 전달할 책임이 있다. 그리고 조직의 요구란 대개 생산성과 관련된다. 그런 말들을 좋게좋게 나누기는 힘든 일이다. 또한, 아저씨들은 후배들에게 무언가를 알려 주려 한다. 사실 잔소리의 본질은 듣는 사람 잘되라는 데 있다. 그리고 기성세대가 후속세대에게 지식을 전달하는 것은 에릭슨이 이야기한 관대성의 핵심이기도 하다.

그러나 아무리 좋은 뜻으로 하는 말이어도 전달이 되지 않으면 소용이 없다. 의사소통에서 가장 중요한 부분은 의사소통할 대상을 이해하는 것이다. 무엇을 어떻게 전달할지의 문제는 그 다음이다. 효과적인, 그리고 바람직한 의사소통을 위해 아저씨들은 자신들과 소통할 대상을 알아야 한다. 경험자의 입장에서 초심자는 늘 부족해 보일 수밖에 없다. 선배들은 그런 후배들의 사정을 좀 더 알아줄 필요가 있다. 그들이 무엇을 원하고 무엇을 위해 사는지, 무엇을 좋아하고 무엇을 싫어하는지 알아야 그들의 공감을 이끌어 낼 수 있다.

또한 아저씨들이 항상 점검해야 할 사항은 내가 알고 있는 것들이 지금도 유효한가 하는 것이다. 예전에 배운 지식을 지금도 옳다고 믿는 것은 위험하다. 젊었을 때 배운 지식으로 평생을 살아보겠다는 것은 변화의 물결에서 스스로 도태되는 길이자 자녀들과, 후배들과 단절되는 길이다. 사실 인간의 사회화는 청년기에서 마무리된다. 내가 사회에서 무엇을 하고 어떻게 살아야겠다는 기본적인 계획과 그에 필요한 훈련들이 20대 초중반에는 대략 끝나는 것이다. 이 말은 사람들은 20대 중에 인생의 모든 배움을 끝낸다는 뜻이다. 그리고 대부분의 사람들은 그때까지 배운 지식으로 남은 인생을 살아가게 된다. 사회의 변화 속도가 느릴 때에는 그래도 상관이 없었다. 그러나 현대사회는 엄청난 속도로 변하고 있다. 오랫동안 나이 든 사람들은 지혜로운 이로 대접받아 왔지만 이제 그것이 당연한 시대는 지났다.

자신이 알고 있는 지식들이 더 이상 통용되지 않는다는 사실을 모르고 자신이 옳다고 믿는 것들을 다른 이들에게 강요하는 이가 꼰대고 개저씨다. 개저씨가 되는 것을 바라지 않는다면 아저씨들은 과거의 지식을 계속해서 새 것으로 업데이트할 필요가 있다.

꼭 누군가를 가르치기 위해서, 또는 젊은이들과 소통하기 위해서만 무엇을 배워야 하는 것은 아니다. 인생의 또 다른 시기를 준비하기 위해서 새롭게 알아야 하는 일들도 있고, 삶을 보다 즐겁고 윤택하게 만들기 위해 배워야 할 것들도 있다. 세계적으로 악명 높은 한국의 입시지옥을 거쳐 온 만큼 공부라면 이가 갈리는 사람들이 많을 것이다. 그러나 공부란 내가 더 나은 사람이 되기 위해 하는 것이다. 특히 중년에 시작하는 공부는 더욱 그렇다. 청년기의 공부가 사회에 나가기 위해 누구에게나 요구되는 자격을 갖추기 위한 것이라면 중년의 공부란 인생의 의미를 찾기 위한 것이다. 더 성숙한 인간이 되고 이웃과 사회에 더 공헌할 수 있는 사람이 되기 위해 아저씨들은 배움을 멈추지 말아야 한다. 이 나이 먹고 뭘 하겠냐는 태도는 가장 피해야 할 자세다. 100세 시대다. 40대라면 살 날이 60년은 남은 셈이다. 벌써부터 할 수 있는 게 없다고 생각한다면 앞으로 남은 60년 동안 정체된 삶을 살게 된다는 뜻이다. 내가 머물러 있는다고 세상이 나를 위해 멈춰 주지는 않는다. 나이 좀 먹었다고 배우는 것을 포기한다면 어느새 철저히 고립된 자신을 발견하게 될 것이다.

tvN 예능「꽃보다 할배」스페인 편에서 맏형인 이순재 선생(84세)의 모습이 화제가 되었던 적이 있다. 이전과 달리 여행도우미 이서진 없이 출국해서 스페인 공항에서 숙소까지 찾아가야 하자 비행기 안에서 잠도 자지 않고 스페인어를 공부했고, 과정이 조금 힘들고 헤맸지만 그래도 무사히 도착할 수 있었다. 이후 인터뷰에서 "나이 먹었다고 주저앉아서 어른 행세하고, 대우받으려고 주저앉아 버리면 늙어 버리는 거고, 난 아직도 '한다'하면 되는 거에요"라고 말했다. 배움에는 나이가 없다는 것을 보여 주는 사례라고 할 수 있다.

성숙한 인간이 된다는 것, 중년기에 이웃과 사회에 책임을 다할 수 있는 인간이 된다는 것은 오랜 시간과 노력이 반드시 수반되어야 하는 일이다.[76] 필수적인 것은 배움이다. 중년의 위기는 적절한 교육으로 예방할 수도 있고 또 극복할 수 있다. 또한 아저씨들은 할 수 있다. 아무래도 나이가 들면서 기억력도 예전같지 않고 하니까 이 나이에 뭘 배울까 싶겠지만, 최근의 뇌과학 연구들은 아저씨들의 뇌가 아직 믿을 만할 뿐 아니라 나이가 들수록 성숙한다는 사실을 밝혀내고 있다. 첫째, 나이가 들었다고 인지능력이 떨어지는 것은 아니다. 펜실베이니아 주립대학교 심리학자 셰리 윌리스는 1956년 시작해서 40년 이상 계속되고 있는 종단연구를 통해서 어휘, 언어기억, 계산, 공간정향, 지각속도, 귀납추리 등 최고의 수행력을 보인 나이는 40세에서 65세라는 사실을 밝혀냈다.[77] 연구들에 의하면, 중년에는 타인의 진정한 인격을 판단하는 능력이 최고에 이르고, 복잡한 금전문제에 있어서도 최고의 판단을 보이며, 통찰력이라 부르는 능력에서도 최대치를 보인다.

나이가 들면서 가장 취약해진다고 여겨지는 기억력조차도 나이 먹는다고 나빠지지 않는다는 연구가 있다. 단순 암기력은 청년기가 지나면서 쇠퇴하지만 '요점 기억은' 그대로 유지될 뿐 아니라 노년 후반기에 이르기까지 더 좋아진다는 것이다.[78] 둘째, 뇌세포가 나이가 든다고 줄어드는 것도 아니다. 나이가 먹을수록 뇌세포의 수가 줄어든다는 것은 1913년 노벨상 수상자 산티아고 라몬 이 카할이 그렇게 말한 후로 정설처럼 받아들여져 왔지만, 최근의 신경과학자들은 미엘린myelin(말이집, 수초)이 중년 말기에 이르러서도 계속 자란다는 사실을 밝혀냈다. 미엘린은 대뇌 전두엽을 구성하는 백질을 이루는 성분이다. 미엘린 덕분에 뉴런(신경세포)은 신호를 보낸 뒤 다음 신호를 보낼 수 있는 상태로 더 빠르게 회복될 수 있다. 하버드 대학교의 프랜시스 빈스는 이 미엘린이 바로 중년의 지혜라고 보았다. 사람들의 지혜와 판단력, 전문지식이 중년에 절정에 달하는 이유는 성숙해진 뇌기능에 근거한다는 것이다.[79] 실제로 19-76세의 남성 70명의 뇌를 스캔하여 전두엽과 측두엽에서 중년이 될 때까지 계속 미엘린이 증가하는 것을 발견했다. 미엘린의 양은 50세 무렵에 절정에 이르렀고 일부는 60대에 들어선 뒤에도 계속해서 증가했다.[80]

또한 나이가 들면 뇌는 젊었을 때와는 전혀 다른 방식으로 일을 함으로써 노화에 대응한다. 한쪽 뇌에서만 했던 일을 양쪽 뇌에서 같이 하는 것이다. 이를 양측편재화bilateralization라고 한다.[81] 젊었을 때는 뇌의 한쪽만 사용해도 충분하지만 나이가 들고 신경세포의 기능이 둔화되면서 한쪽 뇌만 가지고는 효율에 문제가 생긴다. 따라서 떨어진 기능을 보완하고자 양쪽 뇌가 협응을 시작하는 것이다. 양측편재화는 창의성과 연결된다. 『Mature Mind: 장노년기 두뇌를 새롭게 하는 8가지 방법』의 저자 진 코헨은 "뇌의 좌우반구는 중년에 더 잘 통합되면서 더 위대한 창의성으로 가는 길을 터 준다. 뉴런 자체는 노화되면서 처리속도를 어느 정도 잃겠지만, 그 어느 때보다도 풍부하게 서로 얽힌다"고 주장한다.[82]

뇌의 양측편재화는 연륜을 설명한다. 사람은 나이가 들면서 젊어서 하던 일들의 효율이 떨어지면 보완이 되는 요령들을 개발한다. 예를 들어, 강속구로 이름을 날리던 투수가 나이가 들어서 구속이 떨어지면 변화구 투수로 거듭나는 경우가 그것이다. 많은 경험을 바탕으로 이른바 노련함을 얻는 것이다. 중년에 나타나는 이러한 뇌의 성숙은 교육과 관계가 깊다.[83] 꾸준한 배움으로 뇌를 단련할수록 뇌는 성숙해지는 것이다.

자신의 시대가 지났음을 알고 물러서는 것도 옛 세대의 미덕이다. 하지만 착실히 쌓아 올린 경험과 연륜을 바탕으로 새로운 지식을 업데이트하여 후속세대에게 도움이 되는 존재가 되는 방법도 있다. 특히 지금 한창 활동하고 있는 아저씨들의 경우는 더욱 그렇다. 아직 사회는 아저씨들을 필요로 한다.

# 성공적인 노화를 위하여, 개성화와 이순耳順

개저씨는 중년의 위기를 극복하는 데 실패한 아저씨다. 중년의 위기는 나이가 들면서 누구에게나 찾아오는 시기다. 이 시기를 어떻게 보내느냐에 따라 이후 인생의 방향이 결정된다. 위기는 곧 기회라 했던가. 중년의 위기란 결국 진정한 자기를 만나기 위한 과정이기도 하다. 융은 사람이 진정한 자기가 되는 것을 개성화individuation라 하였다. 개성화란 진정한 개성을 실현한다는 뜻으로 본래의 자기selbst, The Self가 되는 것을 말하며, 이런 이유에서 자기실현이라고도 한다.[84] 아들러 역시 개성화(자기실현)는 인간의 본능적이고 건강한 심리를 위해 반드시 필요하다고 보았다.

개성화라고 하면 자신을 옭아맨 모든 관계에서 벗어나 철저히 개인의 욕구를 지향하는 것이라 오해할 수 있으나, 개성화는 개인주의 혹은 개인지상주의와는 다르다. 개성화는 우선 삶의 중심을 자신에게로 가져오는 것부터 시작한다. 직함이나 직위 등 사회적 역할로부터 주어진 이름들은 진정한 자기라 하기 어렵다. 사회적 평가나 사회적 이상에만 맞추어 사는 이들은 자신의 본래 모습에서 점점 멀어지거나 진정한 자신을 찾는 일을 포기하게 된다. 삶의 주인이 되는 것은 자신이 무엇을 원하는지 자신이 느끼고 생각하는 것이 무엇인지 알고 그것을 실현하는 것이다. 그러나 이는 결코 내가 속한 사회를 부정하는 것이 아니다. 자신의 꿈을 찾는다고 가족을 저버리거나 직장에서의 책임을 방기하는 것은 진정한 자기실현(개성화)라고 할 수 없다. 개성화란, 내 삶의 이유와 집단의 가치를 구별하되 사회적 의무와 책임의 필요성을 자기의 개성에 합치되는 범위에서 인정하며, 때로는 능동적으로 사회에 참여하고, 때로는 물러나서 내면 세계를 탐구하는 것이다.

개성화와 반대되는 현상은 사적 자아private ego에 대한 집착이다. 정신역동이론에서 자아ego는 원초적 욕구id와 내재화된 도덕 및 법superego을 중재하는 '나'다. 자아의 중재가 id 쪽으로 치우친 것이 사적 자아라 할 수 있다. 사적 자아의 특징은 매사에 자기중심적이고 고집과 편견에 가득 차 있으며 융통성이 없다는 점이다. 이는 관대성 획득에 실패한 중년의 전형으로, 곧 개저씨의 모습이다.

관대성 획득의 실패는 곧 개성화의 실패를 의미한다. 제대로 살지 못하고 있다는 뜻이다.

3장에서 제안한, 아저씨들이 삶의 균형을 찾기 위한 여러 방법들은 제대로 살기 위해, 즉 개성화를 위해서 융이 제안한 단계들을 참조하여 적용한 것이다. 첫째, 아저씨들은 자아를 덮고 있는 페르소나를 벗겨야 한다. 페르소나는 가면이라는 뜻으로 개인이 집단의 필요나 사회적 역할을 위해 만들어 낸 모습을 뜻한다. 자신이 어떤 가면을 쓰고 살아왔는지를 깨닫고 여기에서 벗어나는 것이 개성화의 첫 단추다. 한국의 남성들이 사회의 일원으로 살아가기 위해 뒤집어쓴 것은 개의 탈이다. 그들은 개처럼 일했고 개처럼 가정을 지켰으며 개처럼 버려지지 않기 위해 개처럼 기었다. 먹고 살기 위해서, 어쩔 수 없어서, 남들도 다 그랬다는 이유로 그 모습을 정당화하며 이제껏 살아왔다. 그러나 중년이 된 아저씨들에게 닥쳐온 존재의 위기는 개라는 페르소나를 다시 생각하게 만든다. 페르소나는 진정한 자기가 아니다. 개의 탈을 쓰고 살아가는 것이 힘들다면, 더 이상 가면을 쓰기 싫다면 서둘러 개의 모습에서 벗어나 진정한 자기를 찾을 준비를 해야 한다.

둘째 단계는 그림자를 의식화하는 것이다. 그림자란 인간이 성장하면서 갖게 되는 어두운 내면을 뜻한다. 성장기에 부모나 선생님에게 받은 상처 같은, 자신의 일부이지만 그런 면이 있다는 것을 인식하기도 어렵고 인식하더라도 인정하기 싫은 부분이 그림자다. 의식화는 이러한 그림자를 의식으로 떠올리고 그 실체를 파악하여 자신의 일부로 받아들이는 과정이다. 자신의 어두운 내면은 보통 어둡고 부정적인 감정과 관련되어 있다. 이유는 알 수 없지만 어떤 일에 왠지 화가 나거나 짜증이 난다면 그 일은 자신의 그림자와 관계되어 있을 가능성이 크다. 따라서 자신의 감정을 인정하고 받아들이는 일은 자신의 그림자를 깨닫고 그것을 인정(의식화)하는 데 도움이 된다.

다음은 내면에서 갈등하는 상반된 두 가치를 의식화하고 통합하는 것이다. 인간사회는 어떠한 목적에 의해 구성원들을 교육시키고 특정한 가치를 내면화하게 한다. 특정한 가치의 지나친 강조는 반대편의 가치를 무의식으로 억압하게 만드는데, 앞서 언급한 아니마와 아니무스가 대표적인 예이다. 남성으로서의 우월감, 남성성에 대한 과도한 집착은 남성 안에 본래 내재된 여성성(아니마)을 감추고 부정한다. 개성화를 위해서는 이렇게 억압된 내면을 인식하고 의식화하여 기존의 자기와 통합하는 과정이 필요하다. 아니마와 아니무스뿐만 아니다. 아저씨들은 아이와 어른 사이에서, 남성과 여성의 사이에서, 과거와 현재 사이에서, 개인과 집단 사이에서 부단히 자기를 발견하고 그 역할을 고민함으로써 내면의 균형을 찾아야 한다. 이것이 개성화의 과정이며 진정한 자기를 찾아가는 여정이다.

이 과정은 삶이 지속되는 동안 계속해서 진행되어야 한다. 나이 50을 지천명이라 한다. 천명을 알게 된다는 뜻이다. 천명이란 하늘의 명령, 즉 존재의 이유다. 내가 왜, 무엇을 위해 사는지 깨닫게 되는 나이가 50이다. 모든 것을 무로 돌리는 시간의 위력. 죽음의 공포는 자신의 존재 이유와 삶의 의미를 재고하기에 충분한 기회가 된다. 다른 이들의 죽음을 만나며 삶의 목적을 진지하게 돌아보게 되는 나이 50을 지천명이라 하는 것은 발달심리학적 관점으로도 대단히 적절하다 할 수 있다.

우리는 자신의 존재 이유를 의심하게 만드는 내면의 그림자들과 부단히 부딪쳐야 한다. 부딪쳐서 깨어지고 깨진 조각을 맞춰 가며 자신의 진정한 가치를 찾으려 노력해야 한다. 개성화는 어느 순간에 완성되는 것이 아니라 옳은 방향으로 계속해서 나아가는 것이기 때문이다. 개성화는 반드시 원만하고 선하며 다른 이들에게 칭송받는 존재가 되는 것이 아니다. 개성화를 이루면 이룰수록 그는 지극히 평범한 사람이 될 것이다. 때로는 이기적이라는 때로는 냉정하다는 평을 받고 때로는 일관성이 없다는 비난을 받을지 모른다. 다만 그의 머리에는 다른 이들의 욕망을 추구한 결과인 명성이라는 후광이 없고 구태여 스스로 후광을 만들려 하지 않는다. 그러나 누가 만들어 씌워 주면 굳이 거부하지도 않는다. 그것이 그 자신에게는 중요한 일이 아니기 때문이다. 그는 자신이 해야 할 바를 마음속에 물으며 그것이 해야 할 일이라면 그렇게 한다. 그것 때문에 대인관계에 문제가 생기거나 얻게 될 이익이 줄어들지라도 망설이지 않는다. 그는 남들이 보기에 고독한 사람일 수도 있고 세속적 관점에서 무력한 사람일 수도 있다. 그러나 그는 진정한 자기와 일치되었다는 점에서 가장 강한 사람이다.[85]

융은 모든 정신체계에 있어 서로가 균형을 이루는 것이 필요하며 이러한 평형의 최종적인 목적은 전인성wholeness을 위한 것이라고 지적한다. 이러한 균형의 과정은 사람들을 결국 개성화에 이르게 한다. 이쯤에서 공자가 60세가 되어 도달했다는 이순耳順의 단계가 떠오른다. 어떤 말을 들어도 귀에 거슬림이 없다는 이순보다 융의 전인성과 개성화를 잘 묘사하는 말은 없을 것이다.

# 4장

# 아저씨가 희망이다

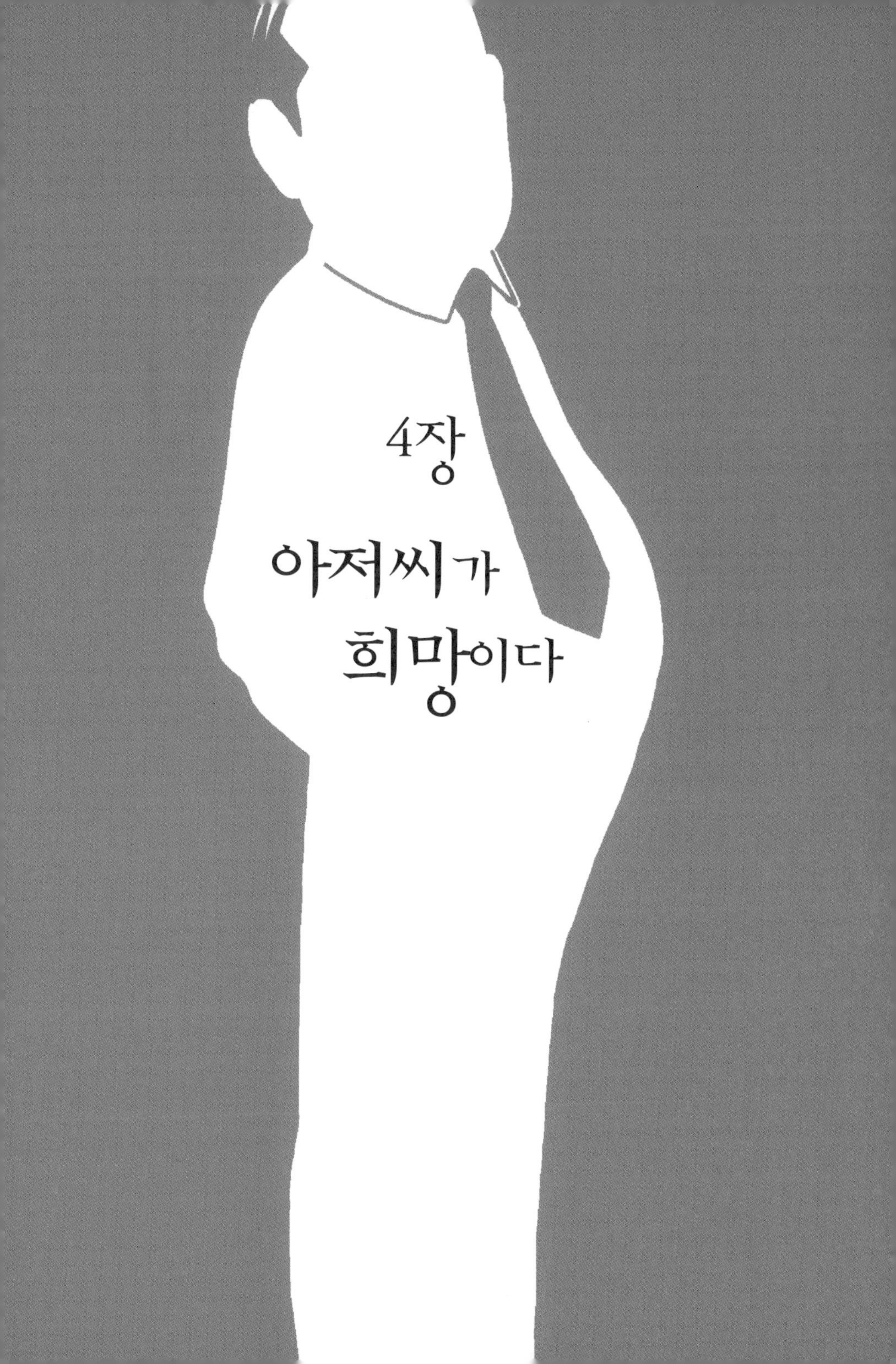

# 두 세계를 잇는 자,
# 아저씨의 새 이름

대한민국은 단절된 사회다. 남과 북이, 보수와 진보가, 부자와 빈자가, 노와 사가, 남과 여가, 부모와 자식이, 선배와 후배가 서로 등지고 있다. 단절은 어느새 가족 안에까지 스며들었다. 가족은 시월드와 처월드로 나뉘었고, 남편은 아내와, 부모는 자식과 대립한다. 최근 심각한 문제로 떠오르고 있는 것이 세대 간 단절이다. 한국은 원래 세대 차이가 큰 나라다. 서구사회가 200년 이상의 시간을 들여가며 진행해 온 많은 일들을 6, 70년 만에 해치웠기 때문이다. 두 세대 정도에 불과한 시간 동안 한국은 농경시대에서 산업화시대를 거쳐 4차 산업혁명 시대를 맞고 있다. 정치적으로는 왕조시대에서 식민지시대, 군부독재를 거쳐 민주사회를 열었으며 경제적으로는 GNP 60달러의

최빈국에서 3만 달러를 눈앞에 둔 세계 10대 선진국에 이르렀다.[86]

따라서 한국의 한 세대(25-30년) 간 차이는 다른 나라의 100년치 이상에 해당하는 차이로 이해해야 한다. 2017년 봄, 탄핵된 전 대통령의 집 앞에서 무릎 꿇은 흰 머리의 한 지지자는 '지켜 드리지 못해 죄송합니다. 마마'를 연발했다. 그의 사고는 왕조시대에 머물러 있는 것이다. 이러한 차이는 모든 곳에서 드러난다. 예능 프로「미운 우리 새끼」의 어머니들은 결혼 안 하는 자식 때문에 걱정이 그칠 날이 없지만, 그들보다 두 세대쯤 뒤에 태어난 시청자들은 어머니들이 '개인의 선택'에 불과한 결혼에 왜 그렇게 집착하는지 이해할 수가 없다.

결혼한 딸이 애를 낳지 않아 걱정이 한가득인 어머니는 '애들은 저 먹을 밥숟갈은 물고 태어난다'며 아이를 낳으라 하지만 그 말이 나온 것은 농경시대의 일이다. 지금 청년들이 연애, 결혼, 출산을 포기한다는 3포세대라는 것을 그분들은 이해하지 못한다.

몰이해는 혐오를 낳고 혐오는 단절을 부추긴다. 아들은 아버지를 부정하고 아버지는 아들을 인정하지 않는다. 할아버지와 손자의 한집에 살지만 둘 사이의 심리적 거리는 200년 쯤이나 떨어져 있다. 그리고 그 거리는 지금도 계속해서 커지고 있다. 급하게 온 100세 시대를 맞아 은퇴하지 못하는 노인 세대와 이제 막 사회로 나서야 하는 청년 세대가 한정된 일자리를 두고 경쟁하게 되면서 세대 갈등은 그 강도를 더하고 있다.

서로 등지고 서 있는 이들 사이에 화해와 통합은 과연 가능할 것인가. 단절된 사회의 가장 큰 문제는 소통이다. 화해니 통합이니 말은 좋지만 서로 소통하지 않으면 하나 마나 한 이야기다. 단절된 주체들은 서로를 공존할 수 없는 존재, 즉 적으로 인식하기 때문에 갈등이 있어도 대화와 타협으로 해결하기 어렵다. 의사소통이 잘 되지 않으니 소통의 부재에서 오는 사회적 비용이 크다. 당연히 구성원들의 스트레스가 크고 스트레스는 또 다른 비용의 지출로 이어진다. 이런 사회에서 사회통합이란 요원한 일이다.

대한민국의 단절성은 격동의 현대사에서 그 연원을 찾을 수 있다. 일제강점기가 시작되면서 역사의 연속성은 끊어졌고 이전까지의 모든 것은 하루아침에 버려져야 했다. 신하는 임금을 부정하고 제자는 스승을, 자손은 조상을 부정했다. 누군가는 진정으로, 누군가는 살아남기 위해 그러했다. 그렇게 36년이 흘렀다. 시간은 많은 것을 바꾼다. 36년은 한국인들이 가지고 있던 모든 사상과 가치관들에서 단절되기에 충분한 시간이었다. 단절의 역사는 분단과 전쟁, 냉전을 거치며 삶의 방식으로 굳어졌다. 적을 코앞에 두고 있는 나라에서 상대방의 존재를 언급하는 것 자체가 곧 반역이었다. 따라서 한국인들은 다른 이들과 공존하는 법을 배울 기회가 없었다. 한국인들에게 허용된 유일한 갈등해결 방법은 상대를 부정하거나 억누르는 것뿐이었다. 그렇지 않으면 살아남기 어려운 세월이었다. 단절과 상호부정은 그렇게 우리의 문화가 되고 만 것이다. 상대의 존재를 인정하지 않는 상황에서 상생과 공존이란 공허한 외침이자 도달할 수 없는 목표다.

그렇다면 단절은 대한민국의 숙명인가? 단절된 시간이 오래되었고 현재도 통합의 기미가 보이지 않으니 미래에도 이 상황이 지속될 것인가. 그렇지 않다. 또 그래서도 안 된다. 이제는 뿌리 깊은 단절을 극복하고 미래로의 한걸음을 내디뎌야 할 시점이다. 이 일은 하루아침에, 한두 사람의 힘으로 이루어질 일이 아니다. 모든 이들이 뜻을 모아 오랫동안 힘을 기울여야 가능한 일이다. 그러나 이 중요한 일을 보다 주도적으로 해야 할 이들이 있다. 그들에게는 그럴 수 있는 힘이 있다. 단절의 역사를 마무리하고 통합의 미래를 준비할 이들은 누구인가? 이들은 과거와 현재, 세대와 계층을 아우르며 주도적으로 사회변화를 이끌어 가는 이들이다.[87] 이들의 변화는 다른 누구보다도 더 빨리, 더 강하게 다른 이들의 변화를 불러일으킬 수 있다.

이들은 바로 아저씨들이다. 개저씨 혹은 꼰대로 불리며 집에서는 천덕꾸러기요, 직장에서는 기피대상인 이 아저씨들이야말로 우리 사회의 연속성을 회복할 주체다. 개저씨 사태는 아저씨들의 개인적 성숙으로 끝나서는 안 된다. 아저씨들이 새롭게 발견할 삶의 의미는 우리들의 자녀들을 위한 새로운 세상을 만드는 일로 이어져야 한다. 그것이 중년의 삶에서 이루어질 수 있는 진정한 관대성의 실현일 것이다.

개저씨는 어떻게 그들의 자녀들과 사회를 위한 새로운 모습으로 탈바꿈할 수 있을까. 여기서 나는 고대로부터 수행해 온 개의 또 다른 역할에 주목하고자 한다. 인류 역사상, 개는 짜증나는 천덕꾸러기로만 받아들여지지는 않았다. 개는 충성스런 부하고 믿음직한 동료이며 다정한 친구이기도 하다. 또한 많은 문화에서 개는 두 세계를 잇는 안내자의 이미지를 갖고 있다.[88] 죽은 자의 영혼을 저승으로 인도하는 고대 이집트의 신 아누비스는 개의 머리를 가졌다. 개가 이승과 저승을 잇는다는 믿음은 고대 이집트와 중앙아시아 일대에 널리 퍼져 있다. 우리나라의 무속 신화에도 이승과 저승을 안내하는 동물로 개가 등장한다. 지금도 지방에는 개가 혼불(사람이 죽으면 빠져나오는 불빛)을 보고 짖는다는 이야기들이 전해지고 있다.

나는 아저씨들의 역할이 여기 있다고 생각한다. 아저씨들은 두 세계를 잇는 존재로 새롭게 태어나 이승과 저승만큼이나 서로 단절된 두 세계를 연결해야 한다. 아저씨들은 과거와 미래, 노년과 청년, 남과 여, 갑과 을 등 우리 사회에 존재하는 모든 단절의 가운데에 존재하는 이들이다. 그들은 원하든 원치 않든 윗세대와 아랫

세대의 중간에 낀 세대고, 당연히 원치 않겠지만 어쩔 수 없는 호르몬의 영향으로 남성성과 여성성의 중간에 있다. 노와 사, 갑과 을, 계층과 계층의 부딪침이 발생하는 최전선에는 항상 아저씨들이 있다. 그들로 인해 많은 문제들이 발생하기도 하지만 달리 보면 그들로 인해 그 많은 문제들이 쉽게 해결될 가능성도 있는 것이다. 개저씨 사태 혹은 현상으로 시작된 아저씨들에 대한 관심은 아저씨들에 의한 변화의 시작이 되어야 한다. 사회에서의 자신들의 위치를 자각하고 자신들이 할 수 있는 일들을 새롭게 규정하자. 나 혼자만을 위해서가 아니라 내가 사랑하는 다른 사람들을 위해서 말이다. 중년의 삶의 의미가 되는 관대성을 어렵게 생각할 필요는 없다. 내 아이가 살아갈 세상을 보다 낫게 만드는 것이 진정한 관대성의 실현이다.

# 새 문화를 만들자

지난 수년 간 헬조선의 음침한 골짜기를 지나온 한국은 어렵게 회생의 기회를 얻었다. 천만 명이 넘는 시민이 추운 날씨에도 아랑곳하지 않고 수개월 동안 촛불을 들고 거리에 섰던 결과다. 이제는 어렵게 얻은 이 소중한 기회를 잘 살려 살 만한 나라를 한번 만들어 볼 때다. 재조산하再造山河. 나라를 다시 만든다는 뜻이다. 지금 우리는 산을 다시 쌓고 강줄기를 다시 내야 할 정도의 변화에 길목에 서 있다. 새 나라를 만들자는 것이 지난 시간을 모두 부정하자는 말은 아니다. 지나간 것은 지나간 대로 의미가 있다. 그러나 그중에는 더 이상 의미를 가질 수 없는 것들이 있다. 그런 것들과는 과감히 이별해야 한다. 삶을 피폐하게 하고 우리 아이들의 미래를 좀먹는 것들이 전통과 관행이라는 명목으로 더 이상 이어지게 해서는 안 된다.

대한민국은, 한국사람들은 그동안 참 잘해 왔다. 놀랍도록 짧은 시간 동안에 세계 어느 나라도 하지 못한 일을 이루어 냈다. 그러나 그동안 쌓인 부작용 또한 만만치 않다. 눈앞의 이익을 위해 못 본 체하고 넘기고 또 포기했던 것들이 너무나 많다. 무엇보다 심각한 것은 사람들의 마음에 새겨진 가치관과 습관이다.

식민지와 전쟁의 폐허 위에 세워진 나라. 법과 제도, 새 질서가 정비되지 않은 시절. 허약한 법의 틈새를 파고 들어간 사람들은 기회를 잡았고 성공할 수 있었다. 사람들은 살아남기 위해 온갖 일들을 했고, 또 해야만 했다. 살아남기 위한 일들 중에는 양심을 버려야 하는 일, 정의에 눈감는 일, 내 끼니를 위해 남을 등치는 일들이 포함된다. 그러한 모든 일들이 살기 위한 것으로 정당화되었고 그렇게 사는 것이 옳다는 가치가 보편화되었다. 하지만 이런 생각들이 언제까지나 당연하게 여겨져서는 안 된다. 지난 몇 년간은 우리가 더 이상 이렇게 살아서는 안 된다는 가르침을 주었다. 이제는 우리의 아이들에게 법대로, 원칙대로 살면 잘살 수 있다고, 그렇게 사는 것이 맞는 거라고 말할 수 있는 세상이 되어야 한다.

또한 급격히 변화하고 있는 사회문화적 환경은 우리에게 새로운 가치와 기준을 요구한다. 최근 2, 30년 동안 세계화의 파도는 한층 거칠어졌고, 다문화 사회화, 노령화, 인구의 감소 등 사회의 구조적 변화가 가시적으로 나타나고 있다. 그리고 환경 변화에서 비롯되는, 이전에는 듣도 보도 못 했던 사회현상들과 여기저기서 새롭게 불거져 나오는 갈등들은 우리가 옳다고 믿어 왔던 많은 가치들이 더 이상 제대로 기능하지 못하고 있음을 보여 준다. 지금 우리의 상황은 어떻게 보나 새로운 가치관과 기준이 필요할 때가 분명하다.

새 시대의 새 문화를 만드는 것, 이것이 지금 대한민국의 시대정신이다. 그리고 나는 이 일을 할 사람들이 바로 아저씨들이라 생각한다. 새 문화가 가장 빨리 도입될 수 있는 방법은 정치가 바뀌는 것이다. 사람들의 행동에 가장 큰 강제력을 발휘하는 것은 제도와 법안이기 때문이다. 물론 이 방법도 진행되어야 한다. 하지만 내가 강조하고 싶은 것은 보통 사람들의 역할이다. 제도와 법안을 만들고 운영하는 것은 정치인들과 공무원들의 일이지만 새로운 문화가 실생활에 뿌리내리도록 하는 것은 보통 사람들이기 때문이다. 그리고 앞서 말했듯이 그들 중 가장 큰 영향력을 가질 수 있는 이들이 바로 아저씨들이다.

어떤 이들은 내가 왜 그 일을 해야 하느냐고 되물을 수 있다. 새 문화를 만드는 것이 나와 무슨 상관이냐는 것이다. 사실 지금 대한민국의 아저씨들은 내 코가 석자인 것이 사실이다. 가장으로서 짊어진 부양의 의무에, 직장에서나 가정에서나 낀 세대의 고충과 외로움에 시달리고 있다. 이런 상황에 대한민국의 미래까지 떠맡아야 한다니 이 무슨 무리한 요구란 말인가. 그러나 그럼에도 불구하고 이 일을 해야 하는 이유는 이것이 결국 아저씨 자신을 위한 일이기 때문이다. 거듭 말하지만, 인생의 의미를 찾아 몸부림치는 중년의 남성(물론 남성에게 국한된 일만은 아니다)들에게 새로운 삶의 목표를 제시해 주는 것은 관대성이다.

관대성은 개인에 초점을 맞추는 것이 아니라 내가 사는 사회와 내 자식들이 살아갈 미래에 관심을 두는 것이고, 관대성의 가장 높은 차원은 후속 세대를 위한 새로운 문화를 창조하는 것이다.[89] 문화란 사람들이 주어진 환경에서 가장 잘살기 위해 만들어 낸 가치관들이자 행동양식이다. 일단 문화가 형성되면 문화는 문화 구성원들의 행동을 규정하고 이끌어 간다. 후손들을 위한 더 나은 가치관과 삶의 기준들을 고민하고 정립하는 것이야말로 위기의 중년이 인생에서 찾아야 하는 해답이자 나 아닌 타인들에게 베풀어야 할 덕목인 것이다.

죄 지은 사람이 벌을 받고 착하고 바르게 산 사람에게 반드시 보답이 돌아가는 사회, 원칙을 지키는 사람이 불이익을 당하지 않고 편법을 쓰는 사람이 잘살 수 없는 사회, 책임질 사람이 책임을 지는 사회, 노력한 만큼 대가를 받는 사회, 나 하나 잘살겠다고 다른 사람들을 짓밟는 이들이 없는 사회. 아저씨들이 만들어야 할 나라는 결국 그들의 아이들이 꿈꿀 수 있는 나라다. 희망찬 미래를 그려야 할 청년들이 단지 안정적이라는 이유로 공무원 시험에 목매는 나라여서는 안 된다. 공부와 알바로 청춘을 다 보내고도 미래를 포기해야 하는 나라여서는 안 된다. 그런 미래가 내 아이의 미래여서는 안 된다. 이것이 아저씨들의 사명이다. 그리고 이 시대의 아저씨들은 그 일을 해낼 수 있는 능력이 있다.

통계청이 발표한 한 보고서에 따르면 한국사회에서 가장 진보적인 세대는 1970년대생들로 나타났다.[90] 특히 40대 후반에 해당하는 1970-1974년생의 보수성향은 19.7%(2013년 기준)로 전 연령대에서 가장 낮았고, 그다음은 30대 후반에서 40대 초반에 해당하는 1975-1979년생들로 26.6%이었다. 나이가 들수록 보수화된다는 통념과는 달리 X세대는 나이가 들어도 보수성향으로 크게 변하지 않았다. 1970-1974년생의 보수성향은 2003년에는 32.9%였고, 1975-1979년생은 33.1%였다. 2013년의 보수성이 오히려 낮음을 볼 수 있다.

우리나라의 1970년대생은 X세대로 분류되었던 세대다. X세대의 X는 정의가 안 된다는 뜻에서의 X다. 1950년대생들이 산업화 세대, 1960년대생들이 민주화 세대로 규정되었다면, 1970년대생들은 기성세대의 눈으로 볼 때 '애들은 뭐지?' 싶었던 것이다. X세대는 기성세대가 이룬 질서나 사회적 전통을 거부하고 대한민국 역사상 거의 최초로 개인적 욕구를 추구했던 세대다. 산업화 세대가 일군 물질적 풍요와 민주화 세대가 지켜 낸 자유민주주의의 토대에서 다양한 문화적 가능성들을 실험하고 또 꽃피웠던 '문화 세대'인 것이다. 이들이 경험한 문화적 다양성은 역사적, 사회적으로 새로운 문화적 표준이 필요한 현 시점에서 크나큰 잠재력이 될 수 있다. 아저씨들은 과거의 삶의 기준이었던 물질적 성공과 소비 지향적 삶, 권위주의적인 소통과 조직문화에서 벗어나 새로운 삶의 기준들을 세우고 동생들과 자녀들에게 물려주어야 한다.

콕 찝어 40대를 이야기한 것은 그들의 역할이 더 많이 필요하다는 뜻이지 50대와 30대 아저씨들이 중요하지 않다는 뜻은 아니다. 우리 사회를 실질적으로 움직여 가는 사람들 중에서 40대는 아직 어린 편에 속한다. 새로운 문화를 열어 갈 40대의 노력은 우리 사회의 진정한 갑인 50대 형님들의 뒷받침 없이는 성공할 수 없다. 물론 30대의 도움도 필수적이다. 20대의 패기를 간직한 30대 동생들과의 공조는 자칫 현실과 타협하기 쉬운 40대들을 일깨워 이미 한국사회에 일기 시작한 변화의 물결에 에너지를 더할 것이다.

# 가만히 있지 말자

'가만히 있으라'는 명령은 현대 한국을 요약하는 키워드였다. 얼마 전까지의 한국은 가만히 있지 않으면 언제 알 수 없는 곳으로 끌려가 목숨을 잃을지도 모르는 나라였기 때문이다. '모난 돌이 정 맞는다'는 속담이 있는 것으로 봐서 그러한 시대는 하루이틀이 아니었던 듯 싶다. 새 나라를 세울 아기장수가 태어나면 화를 입을까 두려워 죽이고 말았다는 류의 '자식살해' 설화가 많다는 점도 이같은 사실을 방증한다.[91] 우리의 부모님들은 살아남기 위해서 가만히 계셨고 경제를 살리기 위해서, 나라를 지키기 위해서 가만히 계시는 것을 체화했다. 자식들이 잘살기를 바라는 마음에 우리에게도 가만히 있으라 가르치셨다. 문화란 주어진 환경에서 생존하기 위한 최적의 생활방식이고 그것은 교육을 통해 다음 세대로 이어진다. 그렇게 가만히 있는 것은 우리의 문화가 되었다.

그렇게 우리는 다른 이들의 고통에도, 내 자신의 부당함에도 가만히 있는 것이 최선이라는 생각을 갖게 되었다. 부조리와 불의에 가만히 있지 않고 앞에 나섰다가 불이익을 당하는 이들을 너무나도 많이 보아 왔던 것이다. 나 하나가 가만히 있는 데 그치지 않고 가만히 있지 않는 이들을 바보 취급했다. 그렇다. 한국은 유난히 똑똑한 사람들이 많은 나라다. 고난과 기회가 공존했던 혼돈의 현대사를 지나오면서 한국사람들은 정말이지 치열하게 똑똑해야만 했다. 식민지 시절과 전쟁의 폐허에 새롭게 만들어진 나라. 법과 제도, 새 질서가 정비되지 않은 시절. 허약한 법의 틈새를 파고들어간 사람들은 기회를 잡았고 성공할 수 있었다. 사람들은 '살아남기 위해' 온갖 일들을 했고, 또 해야만 했다. 그런 일들 중에는 양심을 버려야 하는 일, 정의에 눈감는 일, 내 끼니를 위해 남을 등치는 일들이 포함됐다. 그러한 모든 일들이 '살기 위한 것'으로 정당화되었다.

그 와중에서 양심을 지키며 깨끗이 살아가는 사람, 정의를 위해 한 몸 내던지는 사람, 자기는 못 먹어도 다른 이들을 위해 애쓰는 사람들은 바보 취급을 받았다. 한국에 의외로 바보를 주제로 한 영화가 드라마가 많은 것은 이에 대한 반동형성이 아닐까. 한국문화에는 유난히 바보 캐릭터들이 많다. 바보계의 양대산맥 영구와 맹구를 비롯해, 호섭이(「행복한 여자」), 기봉이(「맨발의 기봉이」), 승룡이(「강풍의 바보」), 용구(「7번방의 선물」) 등등 이러한 바보 캐릭터의 역사는 『벙어리 삼룡이』와 『백치 아다다』로 거슬러 올라간다. 일제강점기와 동족상잔의 비극을 거치며 극심한 가치관의 혼란을 경험한 한국인들에게 바보는 잃어버린 순수한 인간성을 상징하는 존재였을 것이다. 사느라, 살아 내느라, 알면서도 행하지 못하고, 가졌으나 지키지 못했던 가치들을, 바보는 지키고 있었던 것이다. 한껏 똑똑하게 산다고 살아온 세상, 그러나 마음 한쪽에는 알 수 없는 부끄러움과 죄책감이 남아 있었을지 모른다.

잊을 만하면 한 번씩 나타나는 바보들은 한국인들에게 잃어버린 가치들을 되새기며 잊고 살아가는 것들에 대한 그리움을 일깨우는 존재들이다. 하지만, 바보에 대한 그리움은 더 이상 그리움으로 그쳐서는 안 된다. 당연하고 소중하지만 이제까지 잊혀졌던 가치들이 있다면 그것들을 이제는 다시 찾아야 한다. 양심과 정의를 지키고 내게 손해가 되는 일일지언정 남을 위한 길을 가는 것이 바보라면, 그들이 찬사를 받는 사회가 되어야 한다. 우리의 아이들에게 법대로, 원칙대로 살면 잘살 수 있다고, 그렇게 사는 것이 똑똑한 거라고 당연하게 말할 수 있는 세상이 되어야 한다.

그렇게 우리는 이제 무언가를 시작해야 한다. 가만히 있지 않는 것이 우리의 생존을 위해 더 필요한 일이기 때문이다. 자식들을 위한다는 이유로 나서지 말고 가만히 있을 것을 가르쳤던 부모들은 바로 그 가르침 때문에 자식을, 자식들의 미래를 잃어버려야 했다. 처자식을 위해 더러워도 참아 가며 가만히 있었다지만 그렇게 살았던 결과는 헬조선, 흙수저, N포 세대, 미래가 없는 현실이다. 우리의 자식들이 미래를 꿈꿀 수 없는 세상. 그런 세상을 물려줄 수는 없다. 이것이 우리가 가만히 있지 말아야 할 이유다.

가만히 있으면 아무것도 바뀌지 않는다. 무엇이든 할 수 있는 일들을 찾아서 작은 변화라도 이루어 내고, 그렇게 이루어진 작은 변화들이 모이면 더 큰 변화도 만들어 낼 수 있다. 작년 한 해, 우리는 그 작은 변화가 세상을 바꿀 수 있다는 가능성을 보지 않았던가. 그런 행동은 누구나 시작할 수 있고 또 누구나 실행해 가야 한다. 그러나 역시 앞장서야 할 이들은 아저씨다. 누차 강조하지만 아저씨들은 우리 사회의 핵심 인물들이기 때문이다. 우리 사회에는 관행이라는 이름으로 행해지고 있는 수많은 병폐들이 있다. 그것들은 나이, 직위, 권위 등의 이름으로 어디에나 존재하며 사회의 건강한 소통과 바람직한 변화를 가로막는다. 아저씨들은 관행을 누구보다 잘 알고 또 그것을 이용할 수 있는 이들이다. 그러나 아저씨들이 이런 관행들에 문제를 제기하기 시작하면, 실제로 바꿔 나가기 시작하면 그 파급력과 변화의 속도는 다른 누가 움직였을 때보다 크고 빠를 것이다.

"하다 보니까 되니까 그런거에요. 눈감아 주고 침묵하니까. 누구 하나만 제대로 부릅뜨고 짖어 주면 바꿀 수 있어요."

2017년 방영된 드라마 「비밀의 숲」에 나오는 한여진 경위(배두나 분)의 대사다. 개 짖는 소리는 성가시다. 짜증난다. 하지만 누구를 위해 짖느냐, 왜 짖느냐에 따라 개소리의 의미는 달라진다. 개소리는 예부터 경고와 예방의 의미를 가져왔다. 개는 먼 곳의 소리만 들어도 적을 구분할 수 있고, 짖어서 사람들을 일깨울 뿐 아니라, 직접 싸워 적을 물리친다. 고대 페르시아에는 '개와 닭은 악마의 적으로 영안靈眼을 가지고 악마와 싸워 그 힘을 없앤다'는 기록이 남아 있고, 우리나라에도 삼국사기 등 옛 역사서에 개가 나타나 나라의 중대한 변고를 알렸다는 기록이 많이 전해 온다.[92]

우리 사회에 존재하는 부정적인 모습들은 우리가 눈감고 침묵했기 때문이다. 여기에는 특히 아저씨들의 책임이 크다. 아저씨들은 침묵의 대가로 기득권을 챙겼으나 아저씨들의 자식들은 미래를 잃었다. 이제 아저씨들은 자식들을 위한 변화를 불러일으킬 책임이 있다. 아저씨가 가만히 있지 않으면 가능하다. 아저씨야말로 우리 사회의 부조리와 병폐를 향해서 제대로 부릅뜨고 짖어 줄 사람이다. 아저씨들이 동생들을 위해, 자식들을 위해 해 줄 수 있는 최고의 일이다.

# 배움의 목적을 바꾸자

현대 한국을 이루어 낸 것은 단연코 교육열이다. 그러나 대한민국이 헬조선이 된 것은 많이 배운 사람들의 탓이 크다. 날마다 TV와 신문 지면을 장식하는 국정농단의 책임자들은 하나같이 내로라하는 대학을 나와 누구나 선망하는 직업과 직책을 가진 사람들이다. 그렇게 많이 배우고 똑똑한 사람들이 왜 이렇게 나쁜 짓들을 저질렀을까. 그것은 공부하는 이유 때문이다. 한국인의 교육열은 세계적으로 유명하다. 그러나 학부모들이 자식들을 공부시키는 이유, 학생들이 공부를 하는 이유는 단순하다. 출세, 즉 권력을 갖기 위해서다. 소심하게 말하자면 억울한 일을 당하지 않기 위해서이고 극단적으로 말하자면 갑질을 하기 위해서라고 할 수 있다. 억울하면 출세하란 말도 있지 않은가.

한국에서 공부하는 사람들은 거의 예외 없이 이 동기 아래에서 나고 자랐으며 꿈을 키워 왔다. 각자의 이상과 철학에 따라 다른 길을 택하는 경우도 없지 않지만 문화가 강제하는 이 동기에서 자유로운 사람은 많지 않을 것이다. 코피 쏟아 가며 공부해서 도달한 지위에서 지식인들은 권력을 꿈꾼다. 만인에게 평등해야 할 법의 수호자 검사는 권력에 반하는 이들에게 칼을 휘두르고, 타인의 생명을 살려야 할 의사는 권력을 위해 의사로서의 의무를 저버린다. 진리 앞에 정직해야 할 학자는 권력 앞에 전문가로서의 자존심을 팽개치고 공공의 이익을 위해 펜을 들어야 하는 기자는 권력을 위해 펜을 주머니에 넣었다. 민주화 투쟁에 앞장섰던 대학생은 자신이 맞서 싸웠던 정당의 국회의원이 되었고, 사회의 모순과 자본의 횡포를 외치던 젊은이는 대기업의 충실한 부속품이 되었다.

지금도 흙수저로 태어난 것을 한탄하며 불평등한 현실에 한숨짓는 수많은 청년들이 각종 고시에 목숨을 거는 것은, 그들의 현실 인식과는 별개로 이러한 동기가 얼마나 강력한가를 보여 주고 있다. 그들이 권력을 갖게 되면 흙수저들의 현실은 더 나아질까? 안타깝지만 그럴 것 같지 않다. '사다리 걷어차기'라는 말처럼 개천에서 일어난 용들은 곧 각지의 개천들을 모두 밀어 버렸다. 어디선가 다시 자기 같은 용이 나와서는 안 되기 때문이다. 어렵게 잡은 권력은 대부분 남들이 자신의 기득권을 노리지 못하도록 막는

데 쓰인다. 이 동기에서는 또한 한국사회의 또다른 병폐인 권위주의, 갑질 등이 파생된다. 어렵게 오른 자리이니만큼 아쉬운 점도 많아서일까. 확실한 것은 이 동기의 체계를 바꾸지 않으면 고학력, 고위직의 엘리트 집단이 주요 범죄자가 되는 현실은 반복될 거라는 사실이다. 그만큼 우리의 삶은 피폐해져 갈 것이다.

과연 어디서부터 잘못된 것일까? 한국인들의 권력에 대한 욕구는 적어도 조선시대에서 그 뿌리를 찾을 수 있다. 조선은 선비의 나라였다. 선비는 성현의 가르침을 좇아 현실에서 태평성대를 이루려는 이들이다. 왕부터가 선비였으며 왕의 업무 중 상당 부분이 정치적 이상에 대한 공부와 경연으로 채워져 있었다. 왕은 신하들과 토론을 거쳐 정책을 결정했으며 신하들이 논의를 통해 결정한 사항은 왕조차 쉽게 바꿀 수 없었다. 사실 중세에 세계적으로 이렇게 이상적인 정치시스템을 갖고 있던 나라는 흔치 않다. 조선은 플라톤이 그토록 꿈꿨던 '철인정치'를 구현한 나라였던 것이다. 그런 만큼, 선비들이 관직에 오르는 방법은 학문이었으며 그들이 자신의 포부를 펼치기 위해 지식을 갈고 닦는 것은 당연했다. 즉, 조선에서 공부의 목적은 곧 권력이었다.

따라서 한국의 지식인들은 끊임없이 권력을 지향해 왔다. 이성적이고 지혜로운 철학자가 세상을 이끌어 간다는 철인정치는 말 그대로 이상理想이다. 세종조와 같이 조선의 철인정치가 잘 작동했던 시기도 있었지만, 권력을 쥔 선비들은 곧 권력을 지키는 일에 몰두했고 그 과정에서 조선의 이상은 빛을 잃어 갔다. 일제강점기와 권위주의 정권을 거치면서 권력에 대한 욕망은 더욱 강해졌다. 지식인 개개인들이 타락했다기보다는, 권력에 굴복하는 지식인들이 성공하는 세태가 지속되면서 공공의 선善보다 개인적 이익을 따르게 되는 동기체계가 고착되어 갔다고 할 수 있다.

지금도 수많은 사람들이 개인의 성공을 위해 공부를 한다. 남들보다 돈 많이 벌고 성공하는 것이 공부의 목적인 것이다. 어느 분야의 누구라도 돈 벌어 성공하고 이름을 얻게 되면 반드시 향하는 곳이 있다. 바로 권력이다. 이것이 우리의 문화다. 어떤 사회가 보다 공정하고 정의로우며 안전한 사회로 가기 위해서는 많이 배운 사람들의 역할이 무엇보다도 중요하다. 다수의 시민들이 아무리 아름다운 사회를 꿈꿔도 그 시스템을 구성하고 작동시키는 것은 결국 많지 않은 수의 지식인들이기 때문이다. 이들이 공공의 선이 아닌 개인적 이익을 위해 동기화될 때, 국가의 시스템은 망가지고 그 안의 구성원들은 오로지 권력만 바라보게 된다. 우리가 지난 몇 년간 목격해 왔던 것이 바로 그 결과들이다.

지식인들뿐만이 아니다. 헬조선을 만든 것은 결국 한국인 스스로의 욕망이다. 공정하고 정의로운 시스템 대신 내가 사는 집의 집값을 올려 줄 사람을 선택한 것은 다른 누구도 아닌 한국인들

자신이었다. 더 많은 돈을 벌고 더 큰 집에 살고 더 좋은 차를 굴리고 더 높은 지위에 오르는 것. 그 욕망이 우리를 이 자리에 서게 만든 것이다. 이제야 한국인들은 그동안 옳다고 믿고 추구해 왔던 욕망들이 자신들을 잘살게 해 주는 데 전혀 도움이 되지 않았다는 것을 깨닫고 분노하는 중이다. 세상은 갑자기, 그리고 조금씩 바뀌고 있다. 그러나 우리는 우리가 지금 **분노하는 이유와 대상을 명확히 해야 한다**

우리가 분노하는 이유는 무엇인가? 응당 나에게 왔어야 했을 그 부와 권세가 엉뚱한 이들에게 돌아갔다는 것 때문일까? 지금은 조금 냉철하게 우리가 진정으로 원하는 결과를 생각해 볼 때다. 우리는 우리의 욕망을 되돌아보고 그것이 불러올 결과에 대해 생각해 보아야 한다. 그리고 더 나은 결과와 그것을 위한 더 나은 절차를 고민해야 한다. 우리의 욕망이 바뀌지 않으면 역사는 반복될지 모른다. 배움과 권력, 잘산다는 것에 대한 우리의 생각이 그대로라면 새로운 정권이 들어선다 해도 권력 앞에 정의를 저버리는 인물들은 계속해서 나타날 것이다.

그때가 되서도 바뀌지 않는 세상을 한탄하며 속고 또 속는 사람들을 탓할 것인가. 그때도 세상이 그대로라면, 바뀌지 않은 세상을 만든 책임은 우리들 자신에게 있다. 이제는 나 자신이 변할 차례다. 공부하는 이유, 성공의 이유, 세상을 사는 이유를 바꿔야 한다. 목적은 수단을 정당화시킬 수 없다. 우리 사회가 병들었다면 개개인들이 각자의 삶에서 바람직하지 않은 목적을 위해 바람직하지 않은 수단을 정당화하고 있기 때문이다. 또한 이제는 우리 아이들에게 과거와는 다른 것을 가르쳐야 할 때다. 개인의 성공만큼이나 공공의 선이 중요하다는 것을, 나 혼자 잘사는 것 이상으로 모두가 잘사는 것이 중요하다는 것을, 모두가 행복하기 위해 때로는 나의 이익을 포기하고 다른 이들을 돌아봐야 한다는 것 등을 말이다.

# 정신력의 신화에서 벗어나자

한국인들은 '노력', '투혼', '정신력'이라는 말에 익숙하다. 뜻을 세우면 못 할 일이 없다고 말한다. 그리고 성공하지 못하는 사람을 가리켜 정신력이 약하다고 비난한다. 네 노력이 부족하다고 한다. 물론 '하면 된다'는 말이 아예 틀린 말은 아니다. 하지 않으면 될 일도 없을테니 말이다. 36년의 일제 강점기에서 벗어난 이후, 곧바로 터진 전쟁으로 국토는 잿더미가 되었다. 한국인들은 '0'에서부터 모든 것들을 시작할 수밖에 없었지만 피나는 노력으로 뭔가를 이루어 냈다. 세상 사람들은 그것을 '한강의 기적'이라 말한다.

봐라, 하면 되지 않느냐. 황무지에서 우리는 나라를 세웠다.

없는 것을 새로 만드는 것은 어려운 일이다. 시행착오가 있을 수밖에 없고 부작용이 나타날 수밖에 없다. 그러나 한국인들은 '정신력' 하나로 그 과정을 버텨 냈다. 수많은 시행착오와 부작용은 '결과'라는 이름 아래 묻혀져 갔다. 한국문화에서 박정희 같은 카리스마형 리더에 대한 선호와 '정신력'에 대한 무한한 강조는 이 과정에서 나온 산물이다. 그러나 카리스마에 대한 의존과 정신력의 강조는 시스템을 무시하고 가시적 성과에 목매는 사회를 만든다. 시스템 없이도 일단 들이대면 결과가 나오는 것을 봤으니 말이다. 그런 사회분위기는 눈에 보이는 성과를 위해서는 법도 원칙도, 같이 사는 이웃도 무시하게 만든다.

더구나 오로지 정신력에 의지해서 살아온 사람들은, 특히 그래서 성공한 사람들은 다른 이들의 말을 듣는 방법을 모르며 다른 이들의 아픔에 공감하지 못한다. '나는 정신력으로 이겨 냈기' 때문이다. 모든 것이 정신력 약한 이들의 투정으로 받아들여지는 것이다. 열정페이, 아프니까 청춘이다, 노오력이 부족해, 인생의 좋은 경험이다 생각해야지 방법이 없다. 우리는 구성원들의 희생을 당연히 여기는 가치관을 갖고 지금까지 살아왔다. 그래서 한국사회는 얼마나 더 나아졌고 우리는 얼마나 더 행복해졌는가. 정신력의 강조는 과거의 개발시대에나 적합했던 가치관이다.

사회 시스템이 정착하지 못했던 시절, 대한민국의 리더들은 얼마 안 되는 자원과 인재들을 쥐어짜 내어 빠른 시간에 소기의 성과를 낼 수 있었다. 그러나 우리가 바라는, 우리 아이들이 살아갈 세상은 더 이상 그런 세상이어서는 안 된다. 조직과 집단은 좋은 성과를 거둘 수 있을지 모르지만 매일 야근과 휴일 근무에 시달리는 개개인들의 몸과 마음은 망가져 갈 것이고, 가족과 연인과 함께할 시간조차 보장되지 않는 불행한 삶이 계속될 것이다.

하루의 피로도 풀지 못하고 사랑하는 가족도 만나지 못한 채 밤늦도록 직장에서 일하는 모습이 우리가 바라는 행복일까. 거대한 기계의 부품으로 마르고 닳도록 쓰여지다가 결국엔 버려지는 삶이 아니라 각자의 일에 자부심을 갖고 행복하게 일할 수 있는 삶이어야 한다. 조직의 성과를 위해 개인의 불행쯤은 가볍게 여길 수 있는 사회는 더 나은 세상이 아니다. 자신의 일에 자부심을 갖고 열심히 일하는 개인들이 집단의 성취를 위해 힘과 지혜를 모을 수 있는 사회가 우리와 우리의 아이들이 행복하게 살아갈 세상이다.

게다가 지금의 어른들에게는 청년들에게 정신력을 강조할 명분도 없다. 지금의 4, 50대 아저씨들은 기회가 충분한 사회에서 태어났다. 풍족하지는 않았지만 더 나아질 거라는 희망이 있던 때다. 호황은 1970년대부터 1990년대 중반까지 계속되었다. 대한민국뿐만 아니라 세계적인 흐름이 그랬다. 일자리는 넘쳐났고 일할 사람은 모자랐다. 그때는 학점이 바닥을 기어도 취업 걱정은 없었다. 1997년 외환위기 여파로 취업시장에 찬바람이 불던 2000년대 초반에조차 학사경고를 몇 차례씩 받았던 내 동기들도 번듯한 대기업에 척척 합격하곤 했다. 그러나 지금은 다르다. 대학 졸업장만 따려고 해도 외국어시험, 해외연수, 자격증 취득 등 요구조건이 엄청 붙었다. 취업은 더 어려운 관문이 되었고, 소위 내로라하는 직장에 들어가려면 옛날 사람들은 상상도 못 할 만큼의 능력을 갖추어야 한다. 생활비나 하숙비도 벅찬데 학자금 대출금은 생각도 하기 힘들다. 그렇게 노력하고도 직장에 들어가면 쥐꼬리만 한 월급밖에 받지 못한다. 그 돈을 가지고 미래를 설계하는 것은 불가능에 가깝다. 청년들이 기회를 얻지 못하는 것은 정신력의 문제가 아니다. 청년들에게 정신력 운운하는 것은 기성세대의 횡포요, 변화하는 세상의 흐름을 읽지 못한 꼰대의 갑질이다.

사실 아저씨들이 정신력을 강조하는 것은 청년들을 위해서라고 볼 수 있다. 더 열심히 노력해서 더 높은 자리에 오르고, 더 많은 돈을 벌어, 더 큰집에 살고, 더 행복해지라는 것이다. 아버지들이 자식들에게 하는 잔소리도 취지는 대동소이하다. 그 마음이야 순수하게 받아들일 수 있다. 자식 잘되기를 바라지 않는 부모가 어디 있을 것인가. 하지만 아저씨들 또한 두 가지 사실은 반드시 기억해야 한다. 첫째, 지금은 노력만으로는 예전처럼 기회를 얻을 수 없는 시대라는 것이고, 둘째, 청년들이 바라는 행복이 아저씨들이 바라는 행복과 같으리라는 보장이 없다는 것이다. 아이들에게 노력하라는 말을 할 수 있으려면 노력한 만큼 결과를 얻는 세상을 만드는 것이 먼저다. 또한 아이들의 노력은 그들에게 삶의 의미와 행복을 주는 것들을 향할 수 있어야 한다.

"나 때는 이랬는데 요즘 젊은 것들은 나약해서…"로 시작하는 개저씨의 꼰대질은 자신이 정신력으로 이뤘던 과거의 영광에 대한 고착이다. 젊은 날의 영광에 도취되어 현실과 현재의 인간관계에서 멀어지는 것은 바람직한 나이 듦의 과정이라 할 수 없다. 융이 지적했듯, 스스로를 신화 속 영웅이나 구세주로 생각하는 자아팽창은 자기실현(개성화)의 참다운 경지가 아니다. 아저씨들은 정신력의 신화에서 벗어나 현실을 마주하고, 현재의 사람들과의 관계에서 스스로의 역할을 고민해야 한다. 그것은 노력한 만큼 정당한 결과를 얻는 세상, 진정한 노력의 의미가 빛을 발할 수 있는 세상을 만들어 우리의 아이들에게 물려주는 것이다.

# 갑질의 고리를 끊자

자신의 지위를 근거로 상대방에게 부당한 요구를 강요하는 갑질은 아저씨들이 반드시 끊어 내야 할 한국문화의 가장 큰 병폐다. 갑질은 사회의 구조적인 부분에서부터 일상생활에까지 퍼져 있다. 1장에서도 언급했지만 갑질의 무서운 점은 이것이 어느 한두 사람의 문제가 아니라는 데 있다. 열정페이, OECD 국가 중 최고 수준의 노동시간, 업무와 관계 없는 지시, 인격모독과 성희롱처럼 갑질로 요약되는 이 모든 불합리와 부조리를 극복하지 않으면 우리 아이들이 꿈꿀 수 있는 세상은 요원하다. 갑질의 고리를 끊기 위해서는 갑질이 일어나는 원리를 알아야 한다. 근본 원인은 그대로인데 사람만 바뀐다고 해서 갑질이 사라질 리는 없기 때문이다.

갑질의 근거는 **나는 그래도 된다는 오만함**이다. 갑질에는 나의 나이가, 나의 재력이, 나의 사회적 지위가 우월하기 때문에 상대방에게 어떤 요구든 해도 된다는 가정이 깔려 있다. 상대방은 그런 요구를 군말 없이 받아들여야 하며 이의를 제기하거나 거부하는 것은 용납되지 않는다. 사람들 사이에 지위, 신분 등의 서열이 있으며 그 서열로부터 오는 차별을 당연히 받아들여야 한다는 생각을 권위주의라 한다. 동서양의 학자들은 한국사회를 오래전부터 권위주의 사회로 규정하고 있다.[93]

권위주의 사회에서는 권위주의적 성격을 가진 개인들을 만들어 낸다. 권위주의적 성격의 사람들은 권력과 권위를 지닌 위치의 사람들에 대한 복종의 태도를 가지며, 더불어 상대적으로 지위가 낮은 집단에 대해서는 적대적 감정을 드러낸다.[94] 한국사회에서 성별과 나이에 관계없이 나타나는 갑질은 이러한 권위주의적 성격을 특징을 그대로 반영하고 있다. 즉 갑질은 권위주의적 사회 분위기 속에서 오랜 시간 유형화된 한국적 행위양식이다. 이러한 갑질의 본질은 한국사회에서 갑질이 쉽게 사라지지 않을 것임을 시사한다. 문화란 구성원들 모두에게 내재화되는 것이기 때문이다. 사회에 만연한 갑질을 없애기 위해서는 공정위의 활동 등 제도 차원의 접근도 물론 필요하겠지만, 우리의 마음속에 뿌리내린 권위주의적 사고가 곧 '갑질의 근본'이라는 사실을 인식하는 것이 더 중요하다. 나이, 지위, 돈, 권력, 경험이 많고 높다고 상대에게 함부로 해도 된다는 그런 사고방식 말이다.

그렇다면 권위주의적 문화는 어디서부터 비롯되었을까. 한국의 권위주의적 문화는 무엇보다 가족에서의 권위적 관계 경험에 뿌리내리고 있다.[95] 일제강점기와 군사독재 시절을 거치며 체화된 권위주의적 행위양식의 영향도 무시할 수 없겠지만, 한국인들의 행동의 근거가 되는 근본적인 기준은 역시 가족이다. 가족 안에서 가장인 아버지를 비롯한 연장자들의 권위는 무제한적으로 존중된다. 특히 가장의 말씀은 곧 법이고, 가장의 말씀을 따르지 않는 것은 상상조차 할 수 없었다.

가부장제에서 가장의 권위가 인정받을 수 있는 가장 큰 근거는 가장의 부양책임이다. 가족을 부양하는 것은 가장의 가장 큰 책임이자 가장이 누리는 모든 권리의 원천이 된다. 나는 할 만큼 했다, 내 책임을 다하고 있다는 생각은 갑질의 또 다른 이유가 된다. 돈을 벌어 오기 때문에, 일자리를 주었기 때문에, 월급을 주기 때문에, 그 혜택을 받는 이들은 자신의 말에 따라야 한다는 생각이다. 이러한 생각은 과거에는 당연했을지 모르지만 현재에는 더 이상 적합한 사고방식이 아니다.

현대 사회에서 사회의 구성원은 각자의 책임을 다하고 그에 맞는 권리를 누린다. 나의 책임을 다했다는 것이 다른 이들의 권리를 무시할 근거는 아닌 것이다. 다른 이들도 사회 유지를 위한 나름의 책임을 다하고 있으며 그런 만큼 그들의 권리 또한 존중받아야 한다. 나의 희생에 다른 이들이 빚지고 있다는 생각은 이제 바뀌어야 한다. 나와 다른 이들은 공존의 동등한 주체다.

한국에서 갑질이 보편화되는 또 하나의 이유는 한국의 전통적 인간관계에 있다. 한국사회의 특징은 가부장적 질서가 가정 내의 역할 관계에서만 머물지 않고, 사회의 전반으로 확대된다는 것이다. 한국사회는 하나의 큰 가족이며 한국사람들은 가족관계에 기반한 관계를 맺는다. 이 사실은 우리가 다른 사람을 어떻게 부르는지를 보면 금방 알 수 있다. 할아버지, 할머니, 아저씨, 아줌마, 삼촌, 이모… 한국인들은 타인을 지칭할 때 쓰는 호칭은 대부분 가족관계에서 유래된 친족호칭이다. 식당에서 주문받으시는 분이 진짜 이모는 아니지 않은가. 한국인들은 낯선 사람과 관계를 맺을 때도 이런 방식을 사용한다. 우선 서로의 연배를 확인한 후 사적으로 조금 친해지고 나면 서로를 형/아우(나이 차이가 크지 않을 때), 삼촌(이모)/조카(나이 차이가 한 세대 정도), 할아버지(할머니)/손자손녀(나이 차이가 두 세대)의 관계로 들어가는 것이다.

이런 관계는 한국인들의 인간관계에 대한 생각에서 비롯된다. 독일의 사회학자 퇴니스는 사회의 형태를 게마인샤프트Gemeinshaft와 게젤샤프트Gesellshaft로 분류하고 있다. '공동사회'라는 뜻의 게마인샤프트는 혈연과 정情 등의 정서적 인간관계를 바탕으로 한 가족, 촌락 등의 집단을 의미하며, '이익사회'로 옮길 수 있는 게젤샤프트는 이해관계를 기반으로 맺어진 회사, 정당 등을 뜻한다.[96] 가족과 회사가 다른 것처럼 게마인샤프트와 게젤샤프트의 인간관계는 다를 수밖에 없다. 게마인샤프트 내에서 사람들은 다른 사람들을 훨씬 많이 이해하고 또 상호의존한다. 또 그래도 된다고 생각한다. 그러나 게젤샤프트 내에서 사람들은 자신이 얻게 되는 이익에 상응하는 행동만을 취한다. 이것이 계약적 관계다.

그러나 한국인들은 오랜 시간 게마인샤프트적 인간관계를 기반으로 살아왔다. 한국인들이 살았던 공동체는 한 동네 사람들이 거의 다 친족들로 구성되어 있는 소위 집성촌集姓村이었다. 이런 사회에서는 길을 걷다가, 논밭에서 만나는 모든 사람들이 한 가족이다. 다시 말해 한국인들은 전통적으로 타인을 가족으로 인식해 왔다는 것이다. 그러나 더 이상 농사도 짓지 않고 집성촌을 이루어 살지 않는 지금도 이러한 타인 인식은 이어진다. 가족 내의 관계를 계약을 통한 공적 관계에서까지 기대하는 것이다. 갑질은 이러한 관계에서 당연시된다.

가족 같은 인간관계에서 우리가 얻을 수 있는 것은 정서적 지지다. 힘들 때 의지가 되고 외로울 때 위로를 얻을 수 있다. 조금은 투정을 부려도 되고 귀찮아도 조금은 더 이해해 줄 수 있다. 가족이니까. 전통적 가족이 사라지고 사람 사이의 따뜻함을 느끼기 어렵게 된 현대사회에서 가족처럼 기대고 의지할 수 있는 사람들이 주변에 많다는 것은 사회적으로도 개인의 정신건강을 위해서도 대단한 자원일 것이다. 그러나 문제가 되는 것은 두 사람의 관계가 서로 '가족'으로 합의되지 않은 경우다. 병사와 간부는 국방의 의무라는 업무를 매개로 형성된 관계이고, 종업원과 고객은 서비스를 주고받는 계약적 관계다. 회사의 상사와 부하의 관계도 마찬가지다. 상대가 원하지 않는 관계를 자신의 우월한 지위로 강요하는 것은 갑질이다.

갑질은 한국인들이 예전부터 가져 왔던 인간관계를 현대사회의 인간관계에서도 적용하면서 생기는 현상 중 하나다. 타인을 가족으로 받아들여 왔던 과거의 관계가 상호이익에 따른 계약이라는 현대적 관계와 뒤섞여 혼란을 겪고 있는 것이다. 타인을 가족으로 인식하는 전통적 인간관계는 장점도 있고 단점도 있다. 우리는 우리의 문화를 바탕으로 새로운 문화를 만들어야 하는 시점에 있다. 그러기 위해서는 적어도 공적 영역의 인간관계와 사적 관계는 반드시 구별되어야 한다. 공적 영역에까지 사적 관계를 적용하는 것은 대인관계의 불필요한 스트레스를 높일 뿐 아니라 갑질을 비롯한 부패와 부조리 등 여러 가지 부작용의 원인이 되기 때문이다.

가족 좋다. 편하고 따뜻하고 든든하고 의지가 된다. 그러나 우리가 가족에서 얻을 수 있는 긍정적인 가치들은 서로에 대한 사랑과 신뢰에서 비롯되는 것이다. 가족이라는 관계만으로 무엇이든 할 수 있는 것이 아니라는 말이다. 다른 사람에게 가족이라는 말을 하기 위해서는 적지 않은 책임이 필요하다. 자신의 책임을 다하지 않고 상대의 의무만 요구해서는 안 된다. 또한 상대에 대한 배려 없는 무조건적인 권위가 가족의 이름으로 묵인되어서도 안 된다. 갑질은 내 가족에게 요구하지 않는 일들을 다른 이들에게도 요구해서는 안 된다는 생각이 당연하게 받아들여지는 날, 비로소 사라질 것이다.

# 우열의 기준을 버리자

아저씨들이 아이들에게 절대 물려주지 말아야 할 문화 중 하나는 타인을 우열로 판단하려는 습관이다. 한국사회는 사람들을 한 줄로 세우고 순위 매기기를 좋아한다. 단지 순위 매기기로 끝나는 것이 아니라 순위에 따라 사람의 급을 나누고 급에 따라 다른 취급을 한다는 것이 문제다. 서연고서성한중경외시… 고대의 악귀를 불러 내는 주문처럼 들리는 이 말은 대학교 서열을 나타내는 말이다. 이 대학 서열에 따라 청년들의 인생이 결정된다. 대기업과 중소기업, 서울과 지방, 서울 안의 강남과 비강남. 사람의 급을 나누는 기준은 널리고 널렸다. 이런 생각이 위험한 것은 나와 상대방의 급에 따라 상대방과의 관계가 한정되기 때문이다. 규정된 관계에서 내가 상대방에게 할 수 있는 행동의 범위가 결정된다.

나보다 열등한 존재와 인간 대 인간의 대등한 관계를 맺는 사람은 없다. 인간은 바퀴벌레와 집의 공유에 대한 협정을 맺지 않는다. 다만 약을 칠 뿐이다. 나보다 우월한 존재와의 관계도 마찬가지다. 신과 인간의 관계는 창조주와 피조물의 관계다. 인간은 신을 섬기고 신은 은총을 내릴 뿐, 두 존재 사이에 협상이나 타협은 있을 수 없는 것이다. 이렇듯 우월과 열등의 기준으로 자신과 타인을 인식하는 한, 사회 구성원들이 서로를 동등한 주체로 받아들이고 공존하게 될 가능성은 무한히 0으로 수렴한다.

한국인들의 이러한 인식은 세계 차원으로 확장된다. 이를테면 유럽과 북미 등 서구사회는 우월하고 중동, 아프리카, 아시아 등 다른 지역은 열등하다는 것이다.

> "흑인은 무식하고 게으르다. 아프리카에 잘사는 나라 하나 없지 않느냐."
>
> "동남아 애들? 깜둥이들보다야 좀 낫지."
>
> "백인이 가장 잘났지. 백인들 나라는 다 선진국이잖아."

많이 들어 보았음직한 말들이다. 나는 그렇게 생각하지 않는다는 사람들도 '동남아 사람 닮았다'는 말을 들으면 기분이 좋지는 않을 것이다. '서구적으로 생겼다'는 말을 들었을 때와는 사뭇 다른 반응이다. 우리 아이들이 살아갈 세상은 세계화 시대, 다문화 시대다. 다른 나라, 다른 민족, 다른 가치, 다른 생각을 가진 사람들과 어울려 사는 것이 당연한 시대다. 이런 때에 다른 이들을 우월과 열등으로 분류하고 그들에게 다른 태도를 취하는 것은 몹시 위험할 뿐 아니라 스스로의 입지를 좁게 만드는 행위다. 700만 명이 넘는 한국인이 외국에 살고 국내 거주 외국인이 200만 명에 달하는, 명실상부한 세계화, 다문화시대에 접어들었지만 한국인들의 문화인식은 아직 그에 걸맞은 모습을 갖추지 못했다.

사람들에게 우열이 있다는 생각을 진화론적 사고라 한다. 생명체는 원시적인 형태로부터 고등한 상태로 진화한다는 이 이론은 생물학뿐만 아니라 사회의 변화를 설명하는 이론으로도 받아들여졌는데 이것이 바로 '사회진화론'이다.[97] 이를테면, 인간사회도 생물처럼 진화의 과정을 밟는데, 그중에 더 많이 진화한 종족이 있고 덜 진화한 종족이 있다는 것이다. 이 설명에 따르면 당대의 유럽인들은 인류 진화의 정점에 서 있는 반면, 아시아인, 흑인 등은 그보다 뒤떨어진 열등한 인간이 된다. 이러한 사회진화론은 곧 제국주의의 이론적 배경이 되었다. 유럽 제국들은 진화에서 뒤처진 불쌍한 사람들을 돕는다는 명목하에 그들을 침략하고 자원을 수탈했다. 그런데 사회진화론은 제국주의 국가들만 받아들인 것이 아니었다. 식민지의 백성들도 자신들의 운명을 진화론으로 돌렸던 것이다. 제국주의가 날로 팽창해 가던 구한말, 지식인들은 당대의 현실을 약육강식, 적자생존의 진화론적인 질서로 이해했다. 당시대 조선의 한 신문의 사설에는 다음과 같은 구절이 나온다.

> 구라파 사람들은 가죽이 희고 털이 명주실같이 곱고 얼굴이 분명하게 생겼으며 (중략) 황인종은 가죽이 누르고 털이 검고 거세며 이가 밖으로 두드러지게 났으며 흑인종들은 가죽이 검으며 털이 양의 털같이 곱실곱실하다. (중략) 백인종은 오늘날 세계인종 중에 제일 영민하고 부지런하며 담대한 고로 온 천하 각국에 모두 퍼져서 하등 인종들을 이긴다.[98]

현대 한국을 10대 경제대국의 반열에 오르게 한 잠재력도 이러한 인식에서 비롯된 것이 사실이다. 구한말의 애국지사들은 처음으로 목도한 국제사회의 질서를 약자가 강자에게 먹히고 강자만이 살아남는 것은 자연의 법칙으로 인식했다. 당시의 세계는 진화론적 질서가 지배하는 세계였기 때문이다. 이러한 인식을 바탕으로 한국인들은 힘을 가지려고, 강해지려고, 우월해지려고 노력했다. 그랬기 때문에 한국이 어떤 나라보다도 빨리 성장할 수 있었는지 모른다.

하지만 그동안 우리에게는 사람에게는 우열이 있고 우열에 따라 사회적 지위가 결정된다는 생각을 내면화하게 되었다. 지금도 한국인들의 삶은 우월해지기 위한 노력으로 귀결된다. 열등한 지위를 극복하기 위해 한국인들은 극도로 노력했고 실제로 많은 것들을 이루어 냈지만, 그 부작용 또한 작지 않다. 가장 부정적인 것은 열등하다고 분류된 이들에 대한 차별을 정당화하게 된 것이다. 그러나 이제는 마음의 습관이 된 우열의 잣대를 내려놓아야 한다. 밖으로는 세계화 시대를 맞아 다른 이들과의 건강한 관계를 위해서이고, 안으로는 열등한 존재라는 낙인이 찍혀 부당한 차별을 받는 이웃들과의 공존을 위해서다.

우열의 세계에서 벗어나기 위해 우리가 배워야 할 것은 문화상대주의적 관점이다. 문화상대주의는 다른 문화, 다른 인종을 이해하기 위한 관점이지만 다른 사람들을 이해하기 위한 기본적인 관점을 제공한다. 문화상대주의란 간단히 말해 '모든 문화는 저마다의 이유를 갖고 발전해 왔으며 하나의 기준으로 줄 세워서는 안 된다'는 생각이다. 사회진화론처럼 우월하고 열등한 인간이 있다고 단정짓는 것이 아니라 모든 인간들은 동등하며 저마다의 이유 때문에 각기 다른 모습으로 살아가는 것뿐이라는 것이다. 즉 사람들은 다른 이들이 가진 생각과 가치들을 인정하고, 자신의 것과는 다른 관습과 전통을 존중해야 한다. 그래야만 그들과 1대1의 동등한 인간으로서 관계를 형성해 갈 수 있다.

문화상대주의의 이점은 다른 이들에 대한 편견들을 걷어 내고 그들을 제대로 바라볼 수 있게 해 준다는 데 있다. 그리고 이 관점은 다른 나라, 다른 문화뿐 아니라 우리 주변에 있는 이들을 이해하는 데도 유용하다. 탄핵 반대 집회에 성조기를 들고 나오는 이들을 이해해 보려고 한 적이 있는가. 상식적으로 도저히 이해가 되지 않는 행동을 하는 그들은 우리 사회에서 도태되어야 할 집단에 지나지 않는가? 우리 사회에서 동성애자들은 어떤 존재인가? 자연의 법칙에 어긋나는 행위를 하는 그들은 우리 사회에서 사라져야 할 이들인가? 사람들이 나와 다른 이유는 그들이 나보다 우월하거나 열등하기 때문이 아니다. 다른 이들을 열등한 존재로 단정 짓고 시작하는 그 어떤 관계도 바람직할 수 없다. 열등한 인종들을 가스실에 보냈던 역사는 불과 두 세대 전에 일어났던 일이다.

어느 나라보다 급격한 변화를 겪어 온 한국은 수많은 가치가 충돌하는 사회다. 충돌하는 가치 속에서 다른 사람, 서로 다른 생각을 가진 사람들과 공존할 수 있는 바람직한 방향을 찾는 것 또한 아저씨들의 숙제다.

# 양성이
# 평등한 사회를 위하여

아저씨들의 역할이 요구되는 또 하나의 중요한 분야는 양성평등이다. 일단, 개저씨들의 만행이 가장 많이 보고되는 분야가 성희롱, 성차별적 언사 등 여성에 대한 차별이다. 미국보다 먼저 여성 대통령을 배출했을 정도로 표면적인 남녀 차별은 거의 없어졌고, 이미 많은 분야에서 여초 현상이 두드러지지만 대한민국 여성들의 삶은 여전히 고달프다. 각종 시험에서 수석은 대부분 여학생이 차지하지만 남학생보다 성적이 우수해도 취업은 더 어렵고, 일자리를 얻더라도 출산·육아를 거치면서 남성들에게 밀리기 일쑤다. 우리는 반드시 이 문제를 해결해야 한다. 우리의 아이들은 아들도 있고 딸도 있기 때문이다. 딸바보가 그렇게 많다는데 딸들이 살기 힘든 나라를 원하는 아저씨들은 없을 것이다.

한국에 존재하는 여성에 대한 차별의 본질은 여성의 지위가 남성에 비해 낮다고 보는 데 있다. 권위주의적 문화 때문에 지위가 낮다고 여겨지는 집단에 대해서 차별적 태도가 드러나는 것이다. 성차별은 전통적 성 역할에서 기원을 찾을 수 있다. 동서고금을 막론하고 전통적 사회는 대부분 가부장 제도를 유지했다. 그것이 집단의 생존에 유리했기 때문이었다. 사회 구성원들의 안녕을 보장해 줄 현대적 국가시스템이 정립되기 이전까지 인간들의 최대 관심사는 생존이었다. 인류 역사의 오랜 시간 동안, 식량을 구하고 적의 침입을 막거나 전쟁에 나가 싸우는 등 생존을 위한 중요한 일들은 대개 남성들에게 주어졌고, 그 결과 남성 중심의 가부장적 질서가 확립되었다. 이러한 조건에서 남성은 바깥일을 해서 가족을 보호(부양)하고 여성은 집 안에서 아이를 낳아 기르고 살림을 하는 전통적 성 역할이 생겨나게 된 것이다.

여기에 별다른 이유는 없다. 남자가 힘을 쓰고 적과 싸우는 것과 여자가 아이를 낳아 기르고 집안일을 하는 것이 '효율적'이었기 때문이다. 그러나 효율성의 관점에서 시작되었을 성 역할의 구분은 대부분의 사회에서 여성이 남성보다 못하다는 인식과 여성의 남성에 대한 종속을 가져오게 된다. 그들이 맡은 육아와 가사 등의 임무들에도 불구하고 여성들은, 남성들의 보호하에 남성이 가

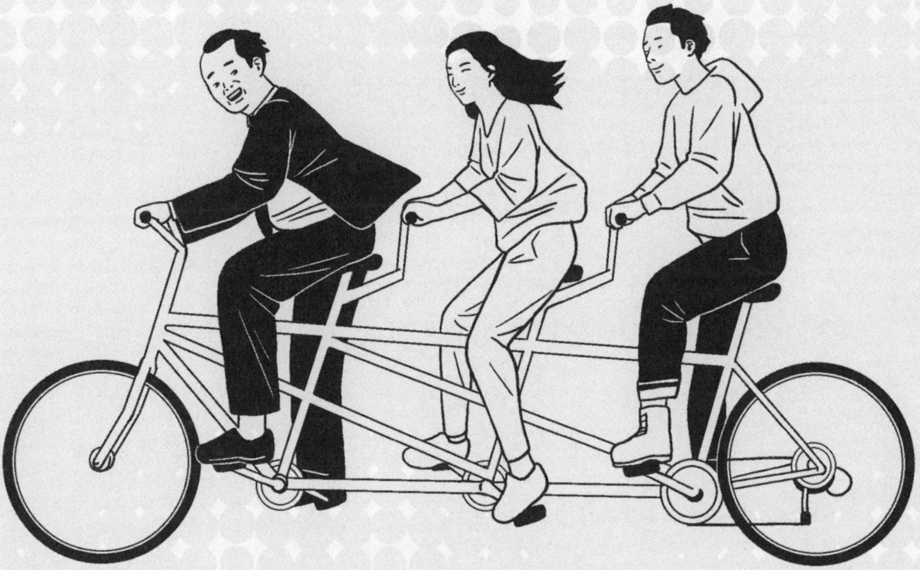

져온 자원으로 살아가는 부수적 존재로 여겨지게 된 것이다. 산업혁명 이후, 산업구조가 변화하고 치안, 보건, 복지 등의 사회시스템이 갖추어지면서 이러한 전통적 성 역할에 변화가 나타난다. 가정의 생존을 위해 남성만 일을 할 필요가 없어진 것이다. 따라서 여성의 사회적 지위와 역할에 대한 전통적 인식도 바뀌기 시작했다. 하지만 이러한 변화에 대한 남성들의 저항은 거셌다. '여자가 나댄다' '재수 없다' '여자는 수준이 낮아서 사회활동을 할 수 없다' 등의 주장들은 여성들이 사회에 진출하기 시작하던 19세기 유럽 남성들의 평균적인 인식이었다. 현재의 양성평등은 권리를 찾기 위해 노력한 수많은 여성들의 희생이 있은 다음에 가능할 수 있었다. 여성들이 참정권을 갖기 시작한 것이 겨우 100년밖에 안 된 일이다. 스위스 같은 나라는 1971년이 되어서야 여성의 참정권을 인정했을 정도다. 그만큼 사람들이 오랜 시간동안 남성 우월의 가부장적 질서에서 살아왔다는 뜻이다.

그럼 우리나라의 경우는 어떨까? 서구가 200년 이상에 걸쳐 이루어 낸 사회경제적 변화를 불과 5, 60년에 따라잡은 한국이지만 문화적 인식의 변화 속도는 그에 미치지 못한 것이 사실이다. 어찌 보면 당연한 일이다. 말이 5, 60년이지 한국의 현재는 200년 이상의 시간이 압축되어 있기 때문이다. 당연히 전통적 가부장 시대의 성 역할에 대한 인식이 상당 부분 남아 있을 수밖에 없다. '남자는 바깥 일을 하고(나가서 돈을 벌어 가족을 부양하고), 여자는 집안 일을 한다(출산, 육아, 살림)'는 등의 생각 말이다. 이런 인식은 남자들에게 국한된 것만은 아니다. 1980년대만 해도 '현모양처'가 꿈인 여성들이 많았다. 전통적 성 역할 하에서는 돈 잘 버는 남자 만나 시집 잘 가면 된다는 여성들도 패턴화된다. 사회활동을 하는 여성들이 증가하고 있었지만 직장에 다니는 여성들도 결혼해서 아이를 낳으면 퇴사하는 것이 당연했던 분위기였다.

한국에서 전통적 성 역할에 실질적 변화가 나타나기 시작한 것은 1990년대 이후의 일이다. 1997년에 외환위기를 겪으면서 수많은 가장들이 직장을 잃었다. 더이상 남자들의 노동만으로는 가계를 유지하기 어렵게 된 것이다. 많은 여성들이 비정규 저임금 노동시장에 뛰어들었고 고학력 여성들의 사회진출 역시 계속되면서 여성들이 사회활동이 점차 당연하게 생각되는 시대가 되었다. 사회 구조는 아직 남성 위주로 되어 있는데 그 구조 내의 제한된 일자리를 여성들이 공유하게 된 것이다. 과거 여성들의 학력이 낮았던 시절, 여성들은 주로 저임금 노동집약형 일자리나 일용직 등의 일자리밖에 구할 수 없었지만, 차차 남아선호가 사라지고 여성들의 학력이 높아지면서 여성들이 '남성들의 영역'에 진출하는 것이 본격화되고 있다.

하지만 여성의 지위에 대한 인식은 이에 미치지 못하고 있다.

여성이 사회에 진출했지만 아직도 그들의 역할은 아이 낳아 기르고 살림하는 데 있다고 생각하는 분위기가 남아 있기 때문에 직장에서의 성희롱이나 인격모독이 나타나는 것이다. 따라서, 우선 시급한 것은 달라진 여성의 성 역할에 맞는 그들의 지위를 인정하고 존중하는 것이다. 같은 사회의 동등한 구성원으로서 여성들을 바라본다면 여성들의 능력을 무시하거나 여사원들을 성적 대상으로 보거나 하는 일 등은 사라질 것이다.

편견으로 인해 공정한 기회와 권리를 얻지 못하는 여성들에게 기회와 권리를 제공하는 것은 양성의 절대적 평등을 위해 필요하다. 그러나 양성평등의 본질적인 부분은 여성을 남성과 동등한 존재로 보는 시각이다. 이것이 빠진 배려와 특권은 또 다른 차별을 야기할 수 있다. 실제로 교육, 의료, 복지 등 양성의 절대적 평등이 어느 정도 실현되면서 최근의 젊은 남성들은 여성에 대한 상대적 박탈감을 느끼고 있다. 이들은 남아선호 사상이 거의 사라진 1990년대 이후에 태어나 이전 세대에 비해 성적 편견이나 차별을 비교적 덜 체화하고 경험한 세대다. 지속되는 불황과 고용시장 불안정으로 가뜩이나 사회적 인정이 어려워진 사회분위기에서 취업 분야에서의 여성할당제 같은 성평등 정책들은 이런 이들에게 민감하게 받아들여질 소지가 있다. 최근 이슈가 되고 있는 여성혐오의 본질은 경쟁에서 밀려난 남성들이 자신의 실패를 여성에게 돌리고 그에 대한 분노를 표출하는 것이라 해석된다. 여기에는 남성에게 작용하고 있는 전통적 성 역할에 대한 부담감도 한몫을 하고 있다.

'남자가 능력이 있어야지.'

'남자라면 처자식 정도는 먹여 살려야 하는 거 아냐?'

'남자가 찌질하게….'

우리 사회에는 여성의 성 역할에 대한 고정관념 이상으로 남성에 대한 고정관념도 강하게 존재한다. 헬조선, N포세대, 흙수저로 대변되는 현 상황에서, 남자로서 느끼는 성 역할에 대한 부담감에 여성들의 변화된 성 역할이 충돌한 것이 여성혐오인 것이다. 따라서, 여성혐오를 '능력도 없는 찌질한 남자들이 드러내는' 여성에 대한 박탈감에서 비롯된 분노로만 규정하는 것은 전통적 성 역할의 또 다른 희생자인 경쟁에서 도태된 젊은 세대의 남성들을 남성이라는 이유로 또 한 번 매도하는 것이다. 이는 양성평등에 대한 바람직한 태도가 아니다. 그들도 경쟁에서 도태되고 싶어 도태된 것이 아니다. 일자리는 한정되어 있는데 여성의 사회진출이 늘어나니 어쩔 수 없이 기회를 잡지 못한 것이다.

그러니 진정한 양성평등의 길에 필요한 것은 개개인의 노력만은 아니다. 궁극적으로는 남자가 됐든 여자가 됐든 동등한 꿈을 갖고 자신이 노력한 만큼 바라는 것을 얻을 수 있는 사회를 만드는 것이 필요하다. 자신이 선택할 수 없는 성性으로 기회나 권리에 있어서 차별을 받아서는 안 된다. 이것이 딸들에게나 아들들에게나 마찬가지로 적용되어야 할 양성평등의 핵심이다.

# 새로운 삶의 중심을 찾자

아저씨들이 풀어야 할 숙제 중 하나는 삶의 중심이 나 자신에게 있느냐 아니면 내가 속한 집단에 있느냐에 대한 답을 찾는 것이다. 이른바 개인주의와 집단주의 사이의 갈등이다. 생각할 것도 없이 나의 삶이 먼저라고 대답하겠지만 이 문제는 그렇게 간단하지만은 않다. 한국은 전통적으로 집단주의 사회였다. 집단주의란 나 자신보다 내가 속한 집단이 우선되는 사회다. 속한 집단이라는 게 학교나 회사 같은 2차적 집단만을 의미하는 것은 아니다. 집단주의 사회에서 가장 중요한 집단은 가족이다. 한국을 비롯한 동양 집단주의 문화의 뿌리는 농경사회에 있으나 사실 집단주의의 본질은 집단이 개인의 삶을 책임져 주느냐 그렇지 않으냐에 있다.

우리들의 아버지 세대만 해도 아들은 가문의 명운을 지고 살아야 했다. 먹고살기도 빠듯한 살림에 모든 자식들을 공부시킬 수 없었던 부모는 장남 혹은 아들들에게 집중적으로 투자를 했다. 그 과정에서 다른 형제나 누이들은 교육에서 소외되어야 했고 어린 나이에 공장을 다니며 공부하는 형을 지원해야 했다. 그렇게 집단의 지원을 받은 개인은 사회적으로 성공하여 다시금 집단을 부양할 의무가 있다. 따라서 한 집안의 기대를 한 몸에 받아 내야 하는 장남(혹은 아들)의 삶도 편하기만 한 것은 아니었다. 부모의 기대에 부응해야 한다는 부담감, 형제들의 기회를 빼앗았다는 죄책감, 가족의 안녕과 장래가 자신의 손에 달렸다는 책임감까지. 그렇게 얼마 전까지만 해도 우리 사회에서 개인의 삶과 자기실현은 그리 중요한 가치일 수 없었다. 자신을 위해 희생한 부모와 형제를 저버리고 자신의 인생만 챙기려 한다면 저만 아는 놈이라는 평가를 받게 될 것이 뻔한 것이다.

그러나 경제 사정이 나아지고 한 가정에서 낳는 자녀의 수가 줄면서 교육의 기회가 비교적 평등하게 주어졌고, 교육의 결과로 자신의 삶을 스스로 꾸려 가는 것이 가능해지면서 한국에도 개인주의가 싹트기 시작한다. 개인주의는 자신이 취하는 행동의 이유가 자기 스스로에게서 비롯된다는 점에서, 어떤 행동을 하기 전 집단의 요구나 분위기를 고려하는 집단주의와 다르다. 1990년대 이후 우리나라에서도 개인주의 문화가 점차 확산되면서 오랫동안 당연시해 왔던 집단주의 문화의 단점이 점차 부각되고 있다. 대학생들은 조별과제를 최악의 활동으로 꼽고 있으며 젊은 회사원들은 의무적으로 참석해야 하는 회식이나 주말 산행 따위의 집단적 조직문화에 강한 거부감을 보인다. 가정에서는 자녀의 자율성을 침해하는 부모에 대한 비판이, 사회적으로는 깊이 얽히고 싶지 않은 지인들의 오지랖에 대한 불만이 높고, 다른 사람들 눈치 보지 않고 혼자 밥을 먹고 영화를 보며 술을 마시는 문화가 날로 확산되는 추세다.

그렇다면 개인주의는 이런 모든 문제의 답이 될 수 있을까? 우리가 피곤하고 성가신 이유는 오직 집단주의 문화 때문일까? 사회가 점차 개인화되고 파편화되면서 나타나는 부작용도 적지 않다. 비혼이 늘고 1인 가구가 증가하면서 범죄 및 복지의 사각지대가 생겨나는가 하면 이웃에 대한 관심도 크게 떨어졌다. 고독사의 빈도는 점점 높아지고 연령은 점점 내려가는 것 역시 개인주의 문화의 그림자다.

많은 사람들은 개인주의 문화를 가진 서양사람들이 대단히 행복한 삶을 산다고 생각하지만 그것은 집단주의 문화에 지친 우리의 눈으로 볼 때만 그렇다. 개인주의 문화는 개인에게 기본적으로 독립적일 것을 요구한다. 개인주의 문화의 사람들은 매사에 스스로 결정을 내려야 하고 그 책임 또한 자신이 감내해야 한다. 그는 자신이 잘 적응하고 있으며 행복하다는 것을 다른 이들에게 증명해야 한다. 그렇지 않으면 나약한 사람 또는 패배자(루저)라는 평가를 받게 되는 것이다. 동양인(한국인)들의 주된 정신장애가 대인관계에서 오는 스트레스와 우울이라면 서양인들의 주된 정신장애는 독립적 개인으로서 기능해야 한다는 압력에서 오는 불안이라 할 수 있다. 개인주의 문화나 집단주의 문화나 그 나름의 문제를 가지고 있다는 것이다. 지금은 우리가 집단주의 문화에 지쳐서 반대급부로 개인주의 문화를 추구하고 있지만 개인주의 문화가 모든 것을 해결해 줄 수는 없다. 더구나 우리가 기왕 가지고 있는 집단주의 문화(예를 들면, 오지랖 같은 것)는 날로 파편화되어 가는 사회에서 훌륭한 문화적 대안이 될 잠재력을 갖고 있다.

따라서 우리는 개인주의와 집단주의 어느 한쪽을 선택하는 것이 아니라 이를 넘어서는 새로운 기준을 찾을 수 있어야 한다. 우리 사회는 그동안 집단과 개인 모두의 생존력을 극대화하기 위해 집단주의 문화를 강조해 왔다. 그러나 그 결과로 개인의 자율성이 침해받고 자기실현이 아닌 타인의 요구에 맞추는 삶이 보편화되어 온 것도 사실이다. 따라서 우선은 개인의 독립성과 자율성은 존중하는 문화가 정착될 필요가 있다. 가족, 회사, 국가가 강제하는 삶은 개인의 자기 자신으로서의 삶을 추구할 수 없게 만들기 때문이다. 집단을 위한 개인의 희생이 당연하게 받아들여지는 시대는 이제 끝내야 한다. 집단을 위한 개인의 희생조차 개인이 스스로 한 선택일 때에만 가치 있을 수 있다. 개인의 삶이 근본적으로 자신의 것이라는 사실이 당연하게 받아들여질 때, 사람들은 삶의 이유와 목적을 찾게 되고, 비로소 자기실현의 길에 들어설 수 있다.

그러나 인간은 본질적으로 사회적 존재다. 사람은 다른 이들이 없으면 살아갈 수 없다. 진화생물학자 로빈 던바는 영장류의 사회적 본능이 생존 가능성을 증가시켰다고 말한다.[99] 인간은 살아남기 위해 무리를 지었고 더 잘 살아가기 위해 다른 이들과 소통해 왔다. 인류가 문명을 갖게 된 데 결정적 역할을 한 언어의 발달이 다른 개체들과의 감정교류를 위해서라는 가설은 인간이 다른 인간들과 얼마나 연결되어 있는 존재인지 짐작게 한다. 그러나 늘 다른 사람들에게 둘러싸여 있을 때는 그런 사실을 깨닫기 어렵다.

고립된 사람들의 행동을 관찰하기 위한 한 실험에서 다른 이들과 소통할 수 있는 아무런 도구가 없는 방에 고립된 사람들은 처음에는 좋아하는 듯했지만 곧 지루해 하고 외로워 했으며 35시간이 지나자 거의 모두가 혼잣말을 하기 시작했다.[100] 자신의 목소리라도 듣고 싶어진 것이다. 고립된 시간이 60시간이 넘으면 정신적인 문제가 발생한다고 한다. 미국 브리검영 대학교 연구팀은 30만여 명의 자료를 바탕으로 사람의 사회적 네트워크와 건강의 상관관계를 분석하였다. 그 결과, 가족을 비롯해 친구, 이웃과 잘 지내는 사람들이 그렇지 않은 이들보다 훨씬 더 건강하게 사는 것으로 나타났다.[101] 물고기가 물이 없으면 살 수 없듯이 사람에게 다른 사람과의 상호작용은 꼭 필요하다. 타인과의 지속적인 상호작용은 정신뿐 아니라 신체건강에도 직접 영향을 미친다.

사회적 삶의 필요성이 정서적 지지와 정신건강에만 있는 것은 아니다. 사람들은 관계 속에서 서로에게 의미를 가지며 그러한 의미는 서로의 책임하에서 지속된다. 예를 들면, '가족'은 서로에게 정서적 지지와 살아갈 이유를 준다. 그렇기 때문에 가족의 구성원은 서로에게 책임을 다해야 하는 것이다. 보다 확장된 인간관계에서도 마찬가지다. 우리는 사회 유지를 위해, 자신의 삶을 위해 다른 이들에게 의존할 수밖에 없다.

개인의 삶을 추구하는 과정은 항상 타인에 대한 자신의 책임을 다하는 가운데 이루어져야 한다. 삶의 중심이 개인에게 있다는 것이 이러한 책임을 방기하고 개인의 욕구만을 추구하는 것을 의미해서는 안 된다. 따라서 우리가 추구해야 할 문화는 개인의 독립성과 자율성은 존중하지만 집단의 안정감과 상호의존성은 유지되는 문화다. 개인은 자신의 독특성을 유지하며 진정한 자기다움을 추구하지만, 서로 관계 맺은 이들에 대한 의무와 책임은 성실히 다하며 공동의 문제는 머리를 맞대고 힘을 합쳐 해결해 나가는 사회야말로 아저씨들이 만들어야 할 사회의 모습이다.

# 사람과 사람을 잇자

그런데 이러한 사회를 이루기 위해서 반드시 필요한 것이 있다. 바로 연대solidarity다. 참여연대, 화물연대 등 뭔가 운동권(?)스러운 느낌이라며 알 수 없는 거부감을 느낄 사람도 있겠지만, 연대는 예로부터 개인과 집단의 생존을 위해 가장 중요한 개념이었다. 백지장도 맞들면 낫다지 않은가. 『증여론』의 마르셀 모스가 인간 사회의 지속 요건으로 가장 강조한 것 역시 연대다.[102] 역사상 존재했던 모든 집단은 생존을 위해 다른 집단과 힘을 합쳐 왔다. 연대는 수평적이고 개별적 주체인 개인들이 공동의 목적을 이루기 위해 반드시 사용해야 하는 방법론이다.

개인의 목표와 지향은 저마다 다르기 때문에 좀처럼 합의에 도달하기 어렵다. 그러나 사람들이 사회를 이루고 사는 한, 개인의 문제는 개인의 문제로 그치지 않는다. 환경문제를 예로 들어 보

자. 산업화가 시작된 이래로 환경은 지속적으로 오염되고 있다. 미세먼지나 폐수를 내뿜는 공장을 갖고 있지 않은 담에야 환경오염에 직접적인 책임이 있는 개인은 많지 않을 것이다. 하지만 환경오염의 영향은 모든 사람에게 돌아간다. 따라서 사람들은 공동의 이익을 위해 뜻과 행동을 함께할 필요가 있다. 연대는 개인의 힘으로는 불가능하다고 믿어지는 일들마저 가능하게 한다. 다음은 도종환 시인의 「담쟁이」라는 시다.

저것은 벽
어쩔 수 없는 벽이라고 우리가 느낄 때
그때
담쟁이가 말없이 그 벽을 오른다
물 한 방울 없고 씨앗 한 톨 살아남을 수 없는
저것은 절망의 벽이라고 말할 때
담쟁이가 서두르지 않고 앞으로 나아간다
한 뼘이라도 꼭 여럿이 함께 손을 잡고 올라간다
푸르게 절망을 다 덮을 때까지
바로 그 절망을 잡고 놓지 않는다
저것은 넘을 수 없는 벽이라고 고개를 떨구고 있을 때
담쟁이 잎 하나는 담쟁이 잎 수천 개를 이끌고

결국 그 벽을 넘는다

연대는 무엇으로 가능할까. 마르셀 모스에 의하면, 연대는 호혜성의 원칙, 즉 무언가를 받고 그에 따른 보답으로 발생한다. '선물을 주는 행위', 곧 증여가 연대의 핵심인 것이다. 증여는 남에게 내 것을 주는, 대단히 이타적인 행위 같지만, 본질적으로는 철저히 자기 자신을 위한 행위다. 그러나 개인을 위한 이 행위들이 반복되면 개인들은 사회 안에서 연대하고 공동체를 이룬다. 모두의 필요, 공공의 선, 상생, 이런 가치들 위에 바로 선 사회, 그 사회에서 살아갈 우리 아이들의 미래. 이런 것들이 연대를 위해 우리가 서로 주고받아야 할 선물gift들이다.

물론 이런 것들이 눈앞의 이익은 아니다. 당장 오늘 살아남기가 어려운 판에 무슨 뜬구름 잡는 소리냐 할 수 있다. 하지만 거래가 꼭 현물로만 이루어지는 것은 아니다. 선물거래future trading라고 미래의 가치를 사고 파는 시장이 이미 존재하고 있지 않은가. 눈앞의 작은 이익 때문에 훨씬 큰 미래의 이익을 버리는 것은 현명한 태도가 아니다. 그리고 그러한 장기적인 시각이야말로 중년의 역량과 노하우, 그리고 미래 세대를 위한 관대성에서 나온다.

연대한 개인들은 시민이 된다. 시민들은 과거처럼 국가의 통제 대상이 아닌, 주체로서 정치와 경제, 교육과 문화 등 사회의 모든 일에 대해 논의하고 문제를 발견하고 더 나은 해법을 찾는 이들이다. 사회정체성 이론에 따르면 개인은 자신이 속한 사회가 마음에 들지 않을 때, 두 가지 선택을 할 수 있다. 집단 구성원이 부정적인 사회정체성에 대처하기 위해 여러 가지 전략을 선택하는데 이를 정체성 관리전략identity management strategies이라 한다. 정체성 관리전략은 두 집단 간 지위 관계는 변하지 않은 상태에서 자신의 지위만을 개선하려고 하는 개인전략과, 집단 간 지위 관계를 직접 변화시킴으로써 내집단 지위의 개선을 시도하는 집단전략으로 나뉜다.[103]

한국사회를 예로 들면, 헬조선은 떠나면 그뿐이라는 태도는 개인행동전략인 '사회적 이동'에 해당한다. 지위가 낮은 집단의 구성원들이 해당 집단에 동일시하기를 포기하고 높은 지위 집단(소위 말하는 선진국)에 가입하는 것이다. 반면, 집단전략은 내집단의 지위를 직접 개선하여 낮은 사회정체성을 높이려는 것이다. 실질적인 변화는 뒤로한 채 우리 것이 무조건 최고라는 식의 인지적 해결전략도 있지만, 내집단의 부정적인 면을 적극적으로 변화시켜 실제로 더 나은 집단이 되는 행동적 전략도 있다.

여기서 공통의 목적을 위해 연대한 개인들, 즉 시민들의 선택은 후자다. 개인전략은 내 삶의 질만을 개선하기 위한 것이다. 나는 더 나은 조건에서 살 수 있지만 내 주위의 사람들은 여전히 불행을 겪어야 한다. 그게 상관없는 사람들은 개인전략을 선택할 수 있다. 집단전략을 선택하는 사람들은 내 주변의 사람들이 나와 상관없지 않다고 생각한다. 때문에 나의 이익이 줄어들더라도 다른 사람들을 위한 노력을 기울일 수 있는 것이다. 더 좋은 나라를 만들자는 것은 국가에 맹목적으로 충성하자는 이야기가 아니다. 더 많은 사람들이 더 행복해지기 위해서 연대해야 할 단위가 자신이 기본적으로 속한 사회가 되는 것은 당연하다.

한국인들은 한 방울의 피도 섞이지 않은 타인조차 가족으로 인식하는 문화에서 살아오고 있으며, 때문에 다른 사람들의 일에 참견하고 오지랖을 부리는 경향이 강하다. 말하지 않아도 다른 사람의 마음을 알 수 있다고 생각할 정도로 강한 공감능력은 때때로 대규모의 쏠림현상을 만들어 내기도 한다. 많은 경우에 부정적인 평가를 받고 있는 한국인들의 이러한 심리적 경향성은, 연대solidarity라는 관점에서 보면 대단한 잠재력이다. 나와 전혀 관계없는 사람들과의 연대는 존재할 수 없으며 공감과 소통이 없는 연대는 기능할 수 없는 법이다.

더욱이 현대사회는 개인들이 연대하기 매우 좋은 조건이다. 과학기술의 발달이 이러한 환경을 이루어 냈다. 특히 프랑스의 사회학자 피에르 레비는 집단지성의 형성과 작용에 있어서 사이버 공간의 중요성을 강조했다.[104] 인터넷은 국경과 장소, 시간을 초월하여 정보를 수집, 공유하고 개인들의 의지와 행동을 묶어 낼 수 있는 도구이기 때문이다. 집단지성은 집단이 발휘하는 지성이라는 뜻이다. 곤충학자인 윌리엄 휠러가 개미의 사회적 행동을 관찰하면서 처음 제안한 개념으로 집단에서 이루어지는 정보의 공유와 상호작용이 개인의 능력(물론 지적인 능력을 포함한)을 초월할 수 있다는 뜻이다.

1990년대 전화 통신시절부터 다양한 인터넷 커뮤니티를 만들어 활용하며 공동의 목표를 추구하고 달성하는 법을 배우고 익혀 온 아저씨들이야말로 우리가 다함께 만들어 갈 시민사회의 토대를 닦을 주역들이다. 인터넷 기술을 바탕으로 한 개인과 개인 간의 연결은 과거보다 훨씬 강하고 또 유동적이다. 우리는 2016년 겨울, 수개월 간 전국의 거리를 뒤덮은 촛불시민들에게서 한국형 연대와 미래 시민사회의 모델을 보았다.

에필로그

# 불멸의 아저씨

개저씨는 중년의 위기를 극복하지 못한 아저씨들이 여러 가지 한국문화의 부정적 맥락 속에서 도달하는 종착점이다. 중년의 위기는 죽음에 대한 공포에서 온다. 사람들이 죽음을 두려워하는 것은 죽고 나면 자신의 존재가 잊혀진다는 데 있다. 이 잊혀지지 않기 위한 욕망은 사람들이 문명을 일구고 문화를 꽃피우는 계기가 되어 왔다. 개인은 죽음을 피할 수 없지만 그가 남긴 것들은 다른 사람들의 기억에 남아 결국 영원히 존재하게 된다.

존 코르테는 후속세대에 대한 관대성 역시 인간의 이러한 욕구, 즉 불사의 욕구outlive the self에서 비롯된다고 보았다.[105] 나이 들어 가는 사람은 어떠한 시점에서 자신이 언젠가는 죽는다는 사실을 깨닫고 두려워하지만, 죽음의 공포를 극복하고 후세를 위해 창조적이고 의미 있는 일들을 함으로써 영원히 사는 것을 이룬다는 것이다.

코르테는 인간이 죽지 않고 영원히 사는 방법 네 가지를 제시한다. 첫째, 자식을 낳는 생물학적 생산이다. 사람들은 자신의 유전자를 남김으로서 존재를 이어 간다. 둘째, 자식을 기르는 양육적인 생산성이 있다. 자녀를 먹이고 입히고 보호하고 가르치면서 자녀들의 성장을 돕는 것이다. 셋째는 기술적인 생산성이다. 성장하는 세대에게 자신이 습득한 기술들을 전수하여 세대가 이어지도록 하는 것이다. 마지막으로 문화적 생산성을 들 수 있다. 이는 다음 세대를 위한 창의성과 개혁성, 그리고 그것을 지키고 유지하는 법을 전달하는 것[106]이다. 네 가지 불사의 길은 결국 관대성의 세 가지 성격, 즉 생식, 생산성, 창조성을 실현하는 것을 의미한다. 이러한 유, 무형의 전수는 인류가 존재하는 한 사라지지 않고 계속될 일들이며, 그 임무를 맡은 이들은 성장하는 세대와 퇴장하는 세대의 중간에 있는 세대다.

에릭슨은 세대의 바람직한 순환은 젊은 세대들이 성숙하려는 노력과 기성세대의 관대성이 만났을 때 가능하다고 하였다. 세대의 바람직한 순환이란, 후속세대에 의해 기성세대가 이루어 놓은 성취들이 파괴되지 않고 기성세대에 의해 후속세대의 가능성이 제한되지도 않는 인간 사회의 지속을 의미한다. 한국은 일제강점기와 동족상잔의 비극, 냉전과 권위주의 독재, 민주화와 반민주 세력의 갈등 등 격동의 현대사 속에서 분열을 경험해 왔고, 그 결과 세대 간의 단절은 그 어느 때보다 크고 심각한 지경에 이르렀다.

현재 일어나고 있는 개저씨들에 대한 거부와 혐오는 젊은 세대들이 자신들의 정체성을 찾고 사회적 존재 의미를 찾으려는 몸부림이다. 이들의 노력은 기성세대, 그중에서도 아저씨들의 도움이 있어야만 열매를 얻을 수 있다. 아저씨들은 청년들이 진출할 사회 여러 분야의 앞서 가는 이들이자 안내자이기 때문이다.

모든 기성세대의 사명이라 할 수 있는 세대 순환 외에도, 현재 한국 아저씨들의 사명은 사회의 단절된 면면을 봉합해 분열의 역사를 종식하고, 우리 아이들을 위한 새로운 세상의 주춧돌을 놓는 데까지 나아가야 한다. 개개인의 부모로서는 끔찍이도 자식들을 위하면서도 역사적으로는 반복되어 온 자식살해의 고리를 끊고 이제는 우리가 그렇게 사랑하는 자식들이 꿈을 펼칠 수 있는 세상을 만들어야 한다.

갑질 등 권위주의, 사람들을 판단하는 우열의 기준, 정신력의 지나친 강조, 공공의 선보다 개인의 이익을 추구하는 삶의 목표 등 현재의 한국을 헬조선으로 만든 과거의 가치들을 극복하고, 자신이 생각한 것을 표현할 수 있고 노력한 만큼 결과를 얻을 수 있으며 나 혼자만이 아니라 다른 이들과 함께 살아가는 세상을 만들어야 한다. 이러한 아저씨들의 이러한 물론 개저씨의 모습으로는 불가능하다. 제 삶의 굴레를 벗어나지 못한 아저씨가 세상을 바꾸고 새로운 세상을 만들 수는 없는 노릇이다. 개저씨들은 젊었을 때의 성취와 욕망에서 벗어나지 못하고 자기중심적 욕구만을 충족하다가 자기가 가장 사랑하는 이들에게서조차 고립되어 외롭게 잊혀져 가고 말 것이다. 이제 선택은 아저씨들에게 달렸다. 잊혀질 것인가 기억될 것인가.

이 책이 강조하는 아저씨들의 역할은 이들이 중년의 위기를 극복하면서 새롭게 발견할 삶의 의미, 바로 후속세대를 위한 관대성 위에서 가능하다. 관대성의 원천인 생산성은 자신을 희생하면서 다양한 형태로 나타나는 본능적인 힘으로, 신神의 원형적 이미지이자 태고적부터 뿌리내린 인간의 본질이다.[107] 중년의 위기에서 통합을 통한 개성화의 길을 강조한 융의 주장이 종교적 깨달음과 실천으로 이어지는 것은 당연한 일이다. 중년의 깨달음은 종교적 깨달음과 깊이 연관되어 있다. 시련을 이겨 내고 진정한 존재의 이유를 깨달아 다른 사람들을 위한 삶을 사는 것은 자기중심적이고 세속적인 동기로는 불가능하기 때문이다. 자신의 존재 이유와 삶의 의미를 찾기 위해 성찰하는 과정은 신의 길을 걷기 위해 수행하는 종교인들의 자세와 다르지 않다. 그렇다고 아저씨들에게 종교에 귀의해서 세상에 봉사하는 삶을 살라는 얘기는 아니다. 중년에 새로 발견한 삶의 목적과 그 실천이 본질적으로 종교적 행위와 유사하다는 정도로 이해하면 될 듯하다.

이 책의 목표는 지금도 가뜩이나 버거운 가장과 관리자의 책임 위에 후세를 위한 세상을 만들어야 할 의무까지 끼얹자는 데 있지 않다. 이 책은 나를 포함한 아저씨들이 진정한 자기의 모습을 찾아가는 개성화의 길 위에서 다른 이들의 삶과 내 삶이 조화와 균형을 찾기 바라는 마음에서 쓰여졌다. 살아남고 또 살아가기 위해 덮어쓴 개라는 페르소나를 무조건 거부하고 벗어던지는 것이 개성화는 아니다. 개성화란 자신의 현재 모습이 진정한 자기가 아님을 깨닫고 깨어지고 조각난, 어둠에 가려진 자신의 여러 모습들을 받아들이고 통합하여 진정한 자기를 찾아가는 과정이다. 지금까지 어쩔 수 없이 개의 탈을 쓴 채 살아야 했다면 이제 개로서 살아갈 수 있는 최상의 목표를 설정할 때다.

아저씨들은 개처럼 소중한 이들을 지켜 왔다. 충분히 가치 있고 박수받을 일이다. 그러나 아저씨들의 사명은 거기서 그치지 않는다. 아저씨들은 개처럼 이승과 저승만큼이나 서로 단절된 두 세계를 이어야 한다. 개처럼 미래를 내다보고 불길한 일들의 전조를 미리 알려 우리의 소중한 아이들에게 더 나은 세상을 물려주어야 한다.

아저씨들이여. 누군가에게는 든든한 동료로 또 누군가에게는 다정한 친구로, 우리의 아이들이 살아갈 세상을 위해 바르고 가치 있는 길을 안내하는 자, 과거와 현재를 잇는 다리가 되자.[108]

# 주 석


1 왠지 귀여운 '아재', 어딘가 불쾌한 '개저씨', 연합뉴스 2016/05/23.

2 「르몽드」, "Les 'Gaejeossi'…," 2017/5/25.

3 M. H. Fisek & R. Ofshe, *The process of status evolution*, Sociometry, 33, 327-346, 1970.

4 D. D. Cummins, Social norms and other minds: The evolutionary roots of higher cognition. In D. D. Cummins & C. Allen (Eds.), *The Evolution of mind*, 30-50, New York: Oxford University Press, 1998.

5 장수지, 「대인 간 갈등해결전략에 대한 비교문화 연구: 한국, 일본, 미국 대학생을 대상으로」, 한국심리학회지: 사회 및 성격, 24(4), 1-17, 2010.

6 P. Rozin & A. E. Fallon, *A perspective on disgust*, Psychological Review 94, 23-41, 1987.

7 W. Menninghaus, Ekel: *Theorie und Geschichte einer starken Empfindung*, Frankfurt: Suhrkamp, 1999.

8 르네 지라르, 김진식 역, 『희생양』, 서울: 민음사, 2007.

9 마사 너스바움, 조계현 역, 『혐오와 수치심』, 서울: 민음사, 2015.

10 CEO score, 2013년 발표.

11 한성열, 한민, 이누미야 요시유키, 심경섭, 『문화심리학: 동양인, 서양

인, 한국인의 마음』, 서울: 학지사, 2015.

12 R. Trivers, *Parent-offspring conflict*, American Zoologist, 14, 249-264, 1974.

13 자크 라캉, 『욕망 이론』, 서울: 문예출판사, 1994.

14 김영희, 『한국 구전서사의 부친살해』, 서울: 월인, 2013.

15 『욕망 이론』.

16 P. Rozin, H. Jonathan & R. M. Clark. Disgust: the body and soul emotion. *Handbook of Cognition and Emotion*, Ed. T. Dalgleish and M. Power. Chichester, UK: John Wiley and Sons, Ltd.: 429-445, 1999.

17 『혐오와 수치심』.

18 『혐오와 수치심』.

19 R. Benedict, *Patterns of Culture*, Boston: Houghton Mifflin, 1934.

20 『문화심리학』.

21 B. Malinowski, the group and individual in functional analysis. American Journal of Sociology, 44, 938-964, 1939.

22 윌리엄 새들러 저, 김경숙 역, 『서드 에이지, 마흔 이후 30년』 서울: 사이, 2006.

23 오수성 외, 『정신병리학』, 서울: 학지사, 2013.

24 한민, 서신화, 이수현, 한성열, 「한국인의 자존심 개념과 특성에 대한 연구」, 한국심리학회지: 문화 및 사회문제 19(2), 203-234, 2013.

25 T. Mulligan & C. Moss, *Sexuality and aging in male veterans: A cross-sectional study of interest, ability, and activity*, Archives of Sexual Behavior, 20, 17-25, 1991.

26 J. H. Williams, *Psychology of women: Behavior in a biosocial context*, New York: Norton, 1977.

27 E. Jaques, *Death and the Mid-life Crisis. International Journal of Psycho-analysis*, 46, 502, 1965.

28 D. Levinson, et al., *The male Mid-life Crisis: Fresh starts after 40*, New York: Double Day & Company, 1978.

29 G. E. Vaillant, *Adaptation to Life*, Cambridge, MA: Harvard University Press, 1977.

30 G. Brim, *How healthy are we? A national study of Well-Being at Midlife*, Chicago: University of Chicago Press, 2004.

31 *The male Mid-life Crisis: Fresh starts after 40*.

32 J. Rohrlich, *Work and Love: the Crucial Balance*, New York: Summit Books, 1980.

33 알랭 드 보통, 정영목 역,『불안』, 서울: 은행나무, 2011.

34 D. Kindlon, & M. Thompson, *Raising Cain: Protecting the Emotional Life of Boys*, New York: Random House Publishing Group, 1999.

35 D. Levinson, *The Seasons of a Man's Life*. New York: Bllantine Books, 1978.

36 M. J. Lerner, *The Belief in a Just World: A Fundamental Delusion*, New York: Plenum Press, 1980.

37 V. M. Wilkins & J. B. Wenger, *Belief in a Just World and Attitudes Toward Affirmative Action*, Policy Studies Journal 42, 3., 2014.

38 E. Erikson, *The Life Cycle Completed*, New York & London: W.W. Norton & Company, 55, 1994.

39 J. Jaccobk, *The psychology of CG Jung*, New Haven & London: Yale University Press, 1973.

40 Solomon Cytrnbaum et al., Midlife Development: A Personality and So-

cial Systems Perspective. in *Aging in the 1980s*,(ed.). Leonard W. Poon. Washington, D.C.: American Psychological Association, 469, 1980.

41 E. Erikson, *Identity and the Life Cycle*, New York: W.W. Norton & Company, 103, 1980.

42 E. Erikson, *Childhood and Society*, New York & London: W.W. Norton & Company, 1985.

43 Erikson, *Childhood and Society*, 267.

44 D. Capps, *Life Cycle Theology and Pastoral Care*, Philadelphia: Fortress Press, 1985.

45 K. Lim, Justin, *Male Midlife Crisis. Lanham*, New York & London: University Press of America, 53, 2000.

46 게일 쉬이, 형선호 역, 『남자의 인생 지도』, 서울: 황금가지, 2004.

47 J. L. Hohanse, *Myths of the Search for Identity, Perkins Journal*, Summer, 20, 1976.

48 『서드 에이지』.

49 D. J. Levinson, C. N. Darrow, E. B. Klein, M. H. Levinson & Bl. McKee, *The Seasons a man's life, New York:* Ballantine Books, 209-210, 1977.

50 B. L. Neugarten, *Middle Age and Aging*, Chicago & London: The University of Chicago Press, 1968.

51 E. J. Langer, *Counterclockwise: A Proven Way to Think Yourself Younger and Healthier*, Great Britain: An Hachette UK Company, 2010.

52 A. Montagu, *Growing Young*, New York: Greenwood Publishing Group, 1981.

53 『서드 에이지』.

54 J. Tooby & I. DeVore, The reconstruction of hominid behavioral evolution through strategic modeling. In W. G. Kinzey (Ed.), *The evolution of human behavior*, New York: State University of New York Press, 183-237, 1987.

55 N. V. Watson, *Sex differences in throwing: Monkeys having a fling*, Trends in Cognitive Science, 5, 98-99, 2001.

56 E. Røskaft, M. L. Hagen, T. L. Hagen & A. Moksnes, *Patterns of outdoor recreation activities among Norwegians: An evolutionary approach*, Ann. Zool. Fennici, 41, 609-618, 2004.

57 J. Jacobi, *The Psychology of C. G. Jung*, New Haven and London: Yale University Press, 111, 1973.

58 이부영, 『분석심리학—C.G.Jung의 인간심성론』, 서울: 일조각, 49-57, 1998.

59 2013년 출판된 DSM(정신장애의 진단 및 통계 편람; Diagnosis and Statistical Manual of Mental Disorders) 5판에서는 화병이 주요 우울장애의 하위범주로 분류되었다.

60 민성길, 「홧병의 개념에 대한 연구」, 신경정신의학, 28(4), 604-616, 1989.

61 서울경제, "남자가 무슨 우울증?" 참다가 결국 펑펑 우는 아재들. 2017/7/20.

62 *The male Mid-life Crisis: Fresh starts after 40*.

63 M. Mather, T. Canli, T. English, S. Whitfield, P. Wais, K. Ochsner, J. D. E. Gabrieli & L. L. Carstensen, *Amygdala responses to emotionally valenced stimuli in older and younger adults*, Psychological Science 15, 259-263, 2004.

64 S. T. Charles, M. Mather and L. L. Carstensen, *Focusing on the positive: Age difference in memory for positive and negative and neutral stimuli*, Journal of Experimental Psychology 85, 163-178, 2003.

65 D. D. Gilmore, *Manhood in the Making: Cultural concepts of masculinity*, New Haven, CT: Yale University, 1990.

66 E. Erikson & J. Erikson, *On Generativity and Identity: From a Conversation with Erik and Joan Erikson*, Harvard Educational Review 51(2), 269, 1981.

67 존 스튜어트 밀, 최명관 역,『존 스튜어트 밀 자서전』, 서울: 창, 2010.

68 『서드 에이지』.

69 C. Handy, *Age of Paradox*, Boston, MA: Harvard Business School Press, 1994.

70 J. Belsky, L. Steinberg & P. Draper, *Childhood experience, interpersonal development, and reproductive strategy: An evolutionary theory of socialization*, Child Development, 62, 647-670, 1991.

71 E. Dermott, *Intimate Fatherhood: A sociological analysis*, London & New York: Routledge, 2008.

72 윌리엄 브리지스, 김선희 역,『내 삶에 변화가 찾아올 때』, 서울: 물푸레, 2006.

73 A. Jadhav & D. Weir, *Widowhood and depression in a cross-national perspective: Evidence from the United States, Europe, Korea, and China*, The Journal of Gerontology: Series B, gbx021, 2017.

74 O. Kernberg, *Object-Relations Theory and Clinical Psychoanalysis*, Lanham, MD: A Jason Aronson Book, 1994.

75 『서드 에이지』.

76 Tu Wei-ming, *The confucian Perception of Adulthood in Adulthood*, (ed.). Erik Erikson. New York: W. W. Norton Company, 113, 1978.

77 S. Willis & M. Martin, eds., *Middle Adulthood*. Thousand Oaks, CA: Sage Publications, Inc., 2008.

78 V. F. Reyna & B. Kiernan, T*he development of gist versus verbatim momory in sentence recognition*, Developmental Psychology 30, 178-191, 1994.

79 F. M. Benes, M. turtle, Yo. Khan & P. Farol, *Myelination of Key relay zone in the hippocampal formation occurs in the human brain during childhood, adolescence, and adulthood*, Archive of General Psychiatry 51, 477-484, 1994.

80 G. Batzokis, M. Beckson, P. H. Lu, K. H. Nuechterlein, N. Edwards & J. Mintz, *Age-related changes in frontal and temporal lobe volumes in men*, Archive of General Psychiatry 58, 461-465, 2001.

81 C. L. Grady, M. V. Springer, D. Hongwanishkul, A. R. McIntosh & G. Winocur, *Age-related changes in brain activity across the adult lifespan*, Journal of Cognitive Neuroscience 18, 227-241, 2006.

82 G. D. Cohen, *The Mature Mind*, New York: Basic Books, 2005.

83 R. Katzman, *Education and the Prevalence of Dementia and Alzheimer's Disease*, Neurology 43, 13-20, 1993.

84 『분석심리학: C. G. Jung의 인간심성론』.

85 위의 책.

86 2016 IMF 발표.

87 G. Brim, Ambition: *How We Manage Success and Failure Throughout Our Lives*, New York: Basic Books, 1992.

88 천진기, 『한국동물민속론』, 서울: 민속원, 2003.

89 E. Erikson & J. Erikson, *On Generativity and Identity: From a Conversation with Erik and Joan Erikson*, Harvard Educational Review, 51(2), 269, 1981.

90 한국의 사회동향 2016.

91 『한국 구전서사의 부친살해』.

92 『한국동물민속론』.

93 G. Hofstede, *Cultures and organizations: Software of the mind*, London: McGraw Hill.; 1991. 최재석, 『한국인의 사회적 성격』, 서울: 개문사, 1976.

94 T. W. Adorno, E. Frenkel-Brunswick, D. J. Levinson & R. N. Sanford, the *Authoritarian Personality*, New York: Harper and Row, 1950.

95 이선미, 천우영, 「다문화 가정 아동이 지각한 부모-자녀 간의 의사소통 유형이 아동의 자아정체성에 미치는 영향」, 아동교육 22(1), 33-54, 2013.

96 J. Harris, ed., *Community and Civil Society (Gemeinschaft und Gesellschaft)*, Cambridge, UK: Cambridge University Press, 2001.

97 J. A. Rogers, *Darwinism and Social Darwinism*, Journal of the History of Ideas 33(2), 265-280, 1972.

98 제국신문, 1900년 5월 26일.

99 R. Dunbar, *Grooming, Gossip and the Evolution of Language*, London: Faber and Faber, 1996.

100 「EBS 다큐프라임」, 호모 딕티우스의 탄생 중 실험.

101 외로움은 담배, 비만만큼 해롭다. 코메디닷컴, 2017/7/30.

102 M. Mauss, *The gift: the form and reason for exchange in archaic societies*, translated by W. D. Halls with a foreword by Mary Douglas. London:

Routledge, 1990[1925].

103 H. Tajifel ed., *Differentiation between social groups*, New York: Academic Press, 1978.

104 P. Levy, *Collective intelligence: Mankind's emerging world in cyberspace*, Cambridge, MA: Perseus Books, 1997.

105 J. Korte, *Outliving the self: Generativeity and the Interpretations of lives*, Baltimore and London: The Johns Hopkins University Press, 1984.

106 *Outliving the self: Generativeity and the Interpretations of lives*, 11–14.

107 D. Browning, *Generative Man: Psychoanalysis Perspectives*, Philadelphia: The Westminster Press, 1973.

108 Erik Erikson, *Childhood and Society*, 267.